Les Antiquités égyptiennes I

AUTEURS

Christiane Ziegler
Conservateur général
chargé du département
des Antiquités égyptiennes — salles 1, 2, 9, 10, 20, 21, 22
Escalier Nord

Bernadette Letellier
Conservateur en chef — salles 6, 8, 19
Palier de l'escalier du Midi

Elisabeth Delange
Conservateur en chef — salles 11, 12, 12 bis, 23

Geneviève Pierrat-Bonnefois
Conservateur — salles 3, 4, 5, 7, 10

Christophe Barbotin
Conservateur — salles 24, 25, 26, 27, 28

Marc Etienne
Conservateur — salles 13, 14, 15, 16, 17, 18, 29, 30

ISBN 2-7118-3607-X
GG 10 3607

Les Antiquités égyptiennes I

guide

duLouvre visiteur

Réunion des Musées Nationaux

Préface

Le mois de décembre 1997 voit s'achever les travaux de redéploiement des collections égyptiennes antiques du Louvre ; ces opérations magistrales ont permis le doublement des espaces consacrés aux œuvres des époques pharaoniques. De nombreux objets, jusque là non exposés, vont devenir accessibles aux visiteurs du musée.
Ceux-ci ne sauraient être assimilés à un modèle unique, un individu supposé moyen, défini par le terme contestable de «grand public». C'est la raison pour laquelle il a paru nécessaire de diversifier les modes de présentation : au rez-de-chaussée, les salles sont dédiées à des thèmes de civilisation ; à l'étage supérieur, une sélection d'œuvres remarquables, classées selon l'ordre chronologique, comblera les attentes du visiteur qui n'a pas la possibilité de s'attarder ; longeant ce circuit, des espaces plus denses regroupent des ensembles typologiques.
Ce guide est le résultat d'un travail de collaboration réalisé par l'ensemble des membres du département des Antiquités égyptiennes du Louvre : on ne devra donc pas s'étonner d'y trouver, d'un chapitre à l'autre, des approches différentes. Il se veut un outil commode offrant pour chaque espace un fil conducteur permettant de dominer la densité de la présentation. Les multiples éléments signalétiques mis à la disposition des visiteurs, cartels, panneaux et plaques mobiles, apporteront un indispensable complément d'information.

Pierre Rosenberg
de l'Académie française
Président Directeur du musée du Louvre

Egypte et Soudan

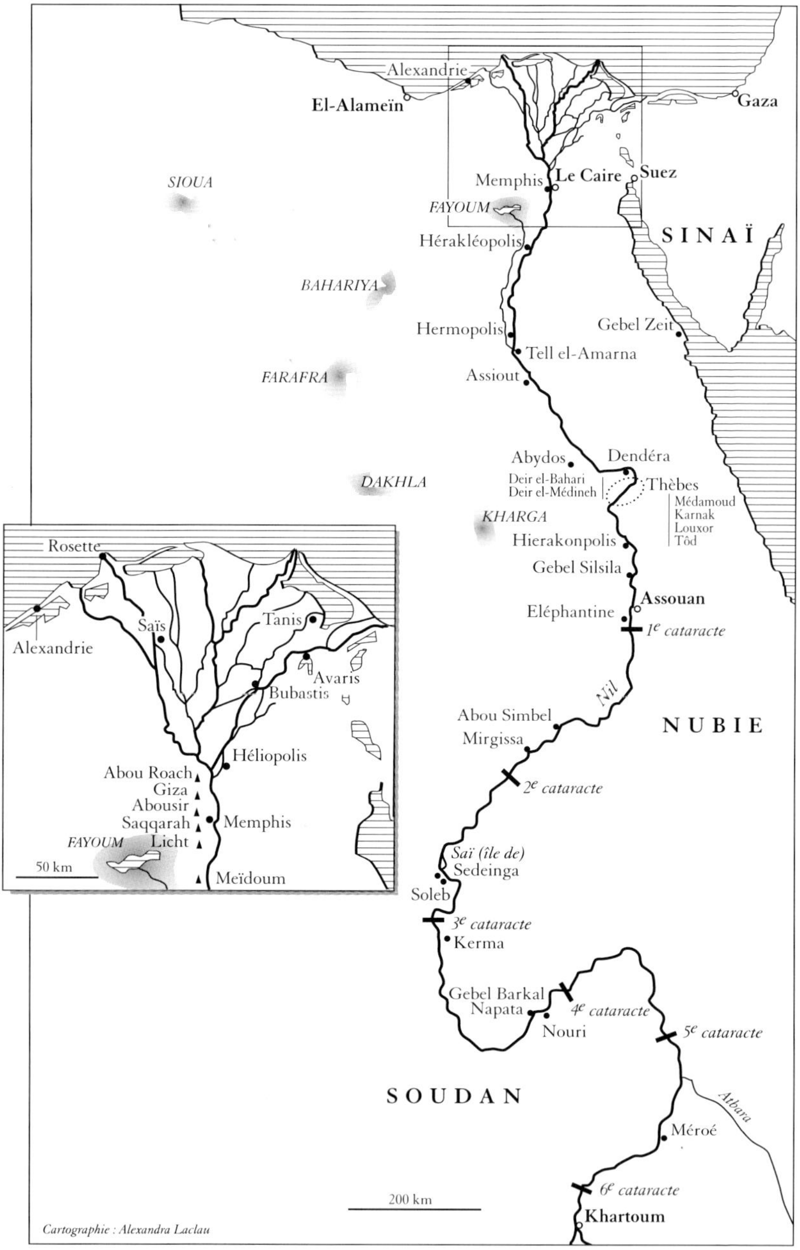

Présentation

Le projet Grand Louvre

L'attribution au département des Antiquités égyptiennes de nouveaux espaces situés autour de la cour Carrée et de la cour Visconti a été l'occasion d'un redéploiement muséographique des collections. Les œuvres datant du IVe millénaire av. J.-C. jusqu'à la fin de l'époque ptolémaïque (30 av. J.-C.) sont exposées au rez-de-chaussée et au premier étage de la cour Carrée, dans les ailes sud et est. Celles datant des époques romaine et chrétienne prennent place autour de la cour Visconti dans le circuit consacré à la Méditerranée orientale aux époques romaine et byzantine : un guide spécial leur est consacré. C'est au total un gain de quelque 2 500 mètres carrés, qui permettent aux collections pharaoniques de se déployer plus largement autour de la cour Carrée, et d'offrir au visiteur un circuit cohérent dont l'originalité est de présenter deux aspects : l'un, thématique, centré autour des témoignages d'une civilisation fascinante, dotée de croyances et de coutumes funéraires, est situé au rez-de-chaussée ; l'autre, chronologique, introduisant à la naissance et à l'épanouissement de la plus artistique des civilisations du monde antique, se trouve au premier étage. Le programme scientifique, établi par les conservateurs du département, en concertation avec l'Atelier de l'Île, responsable du projet architectural, prévoit, dès le départ, une distribution des espaces dans un circuit épuré qui met en valeur des œuvres majeures, ménage des pauses, des respirations et, en contraste, des galeries « denses » ; celles-ci regroupent les séries qui viennent s'inscrire en contrepoint des chefs-d'œuvre dont elles enrichissent ou explicitent la signification ; ces galeries, à l'espace mesuré, se démarquent du reste de l'exposition par de hauts « murs-vitrines » et une accumulation volontaire d'objets qui donne au visiteur le sentiment de découvrir des collections secrètes. Utilisé

Un dessin de l'Atelier de l'Île (projet de salle)

anecdotiquement au rez-de-chaussée pour quelques salles thématiques – celle des bijoux, des techniques, du mobilier funéraire et des momies d'animaux –, ce parti pris est systématiquement appliqué au premier étage, consacré à l'histoire de l'art, et guide le circuit des œuvres majeures.
La partition entre salles thématiques et salles d'histoire de l'art est sans doute l'un des aspects les plus originaux du programme. Elle est unique au musée du Louvre où, dans les autres départements, les œuvres sont présentées soit chronologiquement, soit géographiquement.

Christiane Ziegler

Historique de la collection

Quatre mille ans d'art et de civilisation dans la vallée du Nil

Riche de plus de cinquante mille œuvres, le département des Antiquités égyptiennes conserve l'une des plus importantes collections du monde et permet au visiteur de découvrir 4 000 ans d'art et d'histoire. L'Égypte ancienne naît, en effet, au IVe millénaire av. - J.-C. ; historiquement, elle s'achève à la conquête arabe en l'an 641 de notre ère, mais la civilisation copte, qui a reçu le double héritage pharaonique et chrétien, perdurera encore plusieurs siècles. Transcendant les frontières actuelles, la Nubie égyptienne et soudanaise offre de nombreux témoignages des contacts entre les cultures pharaonique et plus spécifiquement africaine, dont quelques exemples sont conservés au Louvre.

La continuité exceptionnelle de la civilisation égyptienne est due à des facteurs politiques et religieux, mais aussi à l'unité de son territoire. « Don du Nil », le pays est une longue oasis entourée de déserts. Le fleuve-dieu y rythme la vie : chaque année, l'inondation, retenue par un système complexe d'irrigation, apporte un limon fertile. L'Égypte est essentiellement agricole. Des déserts, qui constituent un rempart naturel, proviennent les matériaux de construction, le cuivre, les pierres et les métaux précieux.

Au IVe millénaire avant notre ère, une civilisation brillante s'épanouit dans la vallée du Nil : la civilisation de Nagada. La fin de la période voit le territoire unifié par un roi : c'est le début de l'époque pharaonique, scandée par ce que les historiens nomment des empires (Ancien Empire, Moyen Empire, Nouvel Empire). Durant près de trois mille ans, les pharaons se succèdent, formant des dynasties. La société ne change guère. À sa tête, un monarque, fils des dieux, est l'intercesseur entre le monde terrestre et le domaine divin. Il est maître de la terre, des biens, des hommes. Ses décisions sont appliquées par un vizir, aidé d'un groupe restreint de dignitaires et d'une armée de fonctionnaires : scribes, techniciens, artistes... Sur les paysans, qui forment la majeure partie de la population, les sources sont presque muettes.

La pérennité d'un tel système ne peut se comprendre sans la conception égyptienne du monde. C'est une vision pessimiste. L'équilibre du cosmos, la solidarité entre la terre et le ciel sont constamment menacés. Sur terre, c'est au pharaon de maintenir l'ordre et de communiquer avec les dieux, par l'échange balancé de dons et de contredons.

Monarques et classes aisées se distinguent par le soin accordé à la mort. En construisant une tombe, en momifiant le corps, en déposant près de lui le matériel nécessaire, en instituant un service d'offrandes, on prolonge la vie à jamais : comme pour les temples, on utilise des matériaux durables. Ce sont eux qui ont survécu et se trouvent aujourd'hui dans nos musées. S'ils n'offrent qu'une vision partielle de la civilisation, ils nous parlent de ce que les Égyptiens souhaitaient voir subsister.

Le département des Antiquités égyptiennes et son histoire

Contrairement à une idée communément reçue, le département des Antiquités égyptiennes du Louvre ne doit rien à la campagne menée par Bonaparte en Égypte. Il est l'œuvre de Jean-François Champollion, qui, en 1822, perça le secret de l'écriture hiéroglyphique et fonda l'égyptologie. Le 15 mai 1826, une ordonnance signée de Charles X créait en effet au Musée royal du Louvre une division des monuments égyptiens et en nommait Champollion conservateur.

Portrait de Champollion
par Léon Cogniet

À l'avènement de Charles X, le Musée royal ne compte qu'un très petit nombre de pièces égyptiennes issues d'anciennes collections : le beau Nakhthorheb agenouillé, deux sphinx aux noms des pharaons Néféritès et Hakoris, les grandes déesses Sekhmet à tête de lionne rapportées par le comte de Forbin...

Refusée par la France, la splendide collection réunie par le consul français Drovetti a été achetée en 1824 par Charles-Félix, roi de Sardaigne, et installée à Turin. Là-bas, Champollion organise le premier musée égyptologique. On découvre l'art égyptien. La vente de la collection Durand, qui compte 2 500 objets égyptiens, donne l'occasion de combler une lacune et de créer un musée particulier portant le nom de musée Charles-X. Le roi approuve l'acquisition en 1824. Avec 1 225 amulettes et figurines, ses remarquables sarcophages en bois, tels ceux de Soutymès, ses stèles, ses statues, ses momies d'animaux, ses bijoux, l'ensemble présente selon les propres mots de Clarac, conservateur des Antiques, « tout ce que l'Égypte a pu produire en monuments de petite ou moyenne dimensions ».

Toujours en Italie, Champollion découvre les 4 000 œuvres dont Salt, consul d'Angleterre à Alexandrie, cherche à se dessaisir. Malgré les intrigues, les jalousies qu'il suscite, son plaidoyer en faveur de l'acquisition aboutit en 1826 ; parmi les œuvres qui entrent au Louvre, il est difficile de faire un choix tant leur variété et leur qualité sont exceptionnelles. Du grand sphinx de Tanis au mur des *Annales* de Thoutmosis III, de la statue de Sébekhotep IV à celle d'Aménophis V, de la raideur archaïque d'Ankh au charme de la dame Naÿ, la collection permet de présenter dans leur ensemble la statuaire et l'architecture pharaoniques. Elle illustre aussi parfaitement les rites funéraires représentés par l'immense cuve en granite rose de Ramsès III et une multitude d'objets dont l'énumération serait fastidieuse. On y trouve le bel ouchebti de Séthi Ier, le coffret et les canopes de Tchaouenhouy et de merveilleux *Livres des morts,* comme celui de Nebqed. La vie quotidienne y figure avec, aux côtés d'objets modestes, les peintures pleines de vie de la tombe d'Ounsou.

Nommé conservateur en 1826, Champollion est chargé d'organiser la section égyptienne du nouveau musée Charles-X. Lourde tâche ! Situées au premier étage de l'aile sud de la cour Carrée, les salles sont aménagées par l'architecte Fontaine, à l'emplacement qu'occupe encore actuellement le département des Antiquités égyptiennes. C'est à Fontaine que l'on doit une partie des armoires ornées de bronze doré, les somptueux faux marbres, les grisailles égyptisantes. Les peintures des plafonds sont confiées à des artistes en renom ; on peut encore y admirer *L'Étude et le Génie des arts dévoilant l'Égypte à la Grèce* de François Édouard Picot, et *L'Égypte sauvée par Joseph* d'Abel de Pujol.

Une salle du musée Charles-X

S'il entre souvent en conflit avec l'architecte pour le décor des salles, Champollion est libre d'y appliquer des conceptions muséographiques tout à fait révolutionnaires qu'il expose dans sa *Notice,* premier guide du département des Antiquités égyptiennes du Louvre : vision historisante du musée, qui n'est plus uniquement conçu comme un lieu de délectation esthétique. Présentées selon leur sujet ou leur destination – la salle des dieux, la salle civile et deux salles funéraires –, les collections comptent à sa mort plus de 9 000 objets. Les enrichissements ont été nombreux. C'est d'abord, grâce à l'habileté de Drovetti, le don par Méhémet-Ali d'une trentaine de bijoux, parmi lesquels figure la précieuse bague aux chevaux, puis, en 1827, l'acquisition de la seconde collection Drovetti : plus de 500 pièces où les chefs-d'œuvre d'orfèvrerie, telle la coupe de Djéhouty, côtoient les effigies colossales de Ramsès II et de Sébekhotep. Statues privées, stèles, papyrus, sarcophages complètent le panorama de la civilisation égyptienne. Du voyage, entrepris de 1828 à 1830 sur les rives du Nil, Champollion rapportera des antiquités en petit nombre – car les crédits lui ont été coupés –, mais de qualité exceptionnelle : le grand sarcophage de Djedhor, le relief polychrome associant Hathor et Séthi Ier, l'éblouissante statue de Karomama en bronze incrusté d'or.

À sa mort, en 1832, la section perd son autonomie et son dynamisme. Les acquisitions sont rares mais ne manquent pas d'intérêt. En 1837, les grandes statues de Sépa et de Nésa ainsi que d'importants reliefs de Karnak, achetés au consul Mimaut, entrent au Louvre.

Dès que le département reconquiert son indépendance, les acquisitions reprennent leur essor : c'est d'abord, en 1853, les 2 500 objets de la collection Clot bey, médecin de Méhémet-Ali, puis les belles stèles des collections Fould et Anastasi, la statue guérisseuse et les bronzes Tyszkiewicz.

Cette seconde moitié du XIXe siècle voit naître un nouveau mode d'enrichissement, le partage des fouilles effectuées en Égypte. Entre 1852 et 1853, près de 6 000 objets arrivent au musée, fruit des fouilles de Mariette au Sérapéum de Memphis : parmi eux se trouvent des pièces célèbres, tels le fameux Scribe accroupi, les bijoux du prince Khâemouaset ou le monumental taureau Apis. C'est aussi près de mille stèles qui renouvellent la connaissance de l'histoire égyptienne. Avec la création de l'Institut français du Caire en 1880, les fouilles françaises, désormais régies par le khédive, apportent régulièrement au Louvre un tribut dû à la générosité du gouvernement égyptien. Du site d'Abou Roach proviennent les admirables portraits de Didoufri, fils de Khéops ; Assiout livre l'ensemble funéraire du chancelier Nakhti, avec son impressionnante statue d'acacia, ses sarcophages, ses modèles. Trouvés à Tôd et à Médamoud, un trésor d'argent et de lapis-lazuli, des bustes royaux font revivre la splendeur du Moyen Empire. À Deir el-Médineh, village des artisans de la Vallée des Rois, un ensemble unique ressuscite la vie quotidienne au Nouvel Empire.

Mais cette source se tarit après la découverte du trésor de Toutânkhamon, au début de notre siècle. Comme la grande majorité des états, l'Égypte ne consent plus qu'exceptionnellement au partage. On lui doit l'effigie colossale d'Aménophis IV, offerte en remerciement de l'effort français accompli pour le sauvetage de la Nubie, et, plus récemment, le partage des fouilles du musée du Louvre à Tôd, en Haute-Égypte, ainsi que celles du Gebel Zeit.

Outre les acquisitions et les fouilles, les dons et les transferts ont permis l'accroissement des collections. En 1922, la plus grande partie du fonds égyptien de la Bibliothèque nationale est transférée au Louvre avec, parmi les monuments les plus importants, le Zodiaque de Dendéra et la chambre des Ancêtres de Karnak. En 1946, le riche ensemble égyptologique conservé au musée Guimet rejoint le Louvre. Sans prétendre rivaliser avec les autres départements du musée, le nombre des objets dus à la générosité des collectionneurs est important. Citons, à titre d'exemple, la splendide palette au taureau, don de Tigrane Pacha. Mais le don le plus remarquable est incontestablement celui consenti par Louise, Atherton et Ingeborg Curtis. Parmi ces 1 500 pièces d'une exceptionnelle qualité figurent des sculptures majeures, tels la stèle de Néfertiabet ou le groupe d'Akhénaton et Néfertiti. Tout récemment, les collections se sont enrichies d'une précieuse statuette d'argent figurant un roi offrant la déesse Maât, grâce à la générosité du marquis de Ganay, d'une belle palette à fard, don de madame Landau et d'un torse de Ramsès II, offert par madame Schumann. Enfin on n'aurait garde d'oublier la Société des Amis du Louvre, à laquelle on doit, par exemple, la délicieuse effigie de la reine Tiy et, il y a quelques années, une rare statuette d'homme d'époque prédynastique.

Christiane Ziegler

Chronologie

Seuls sont cités les rois
les plus illustres, et ceux qui
sont mentionnés dans le guide.

FIN DE LA PRÉHISTOIRE
Nagada I (v. 3800-3500)

Nagada II et III (v. 3500-3100)

ÉPOQUE THINITE (v. 3100-2700 av. J.-C.)

1re dynastie (v. 3100-2900)
le roi Serpent (v. 3000)
Den (jusque v. 2950 ?)

2e dynastie (v. 2900-2700)

ANCIEN EMPIRE (v. 2700-2200 av. J.-C.)

3e dynastie (v. 2700-2620)
Djéser (v. 2680-2650)
Qahedjet ?

4e dynastie (v. 2620-2500)
Snéfrou (v. 2620-2590)
Khéops (v. 2590-2565)
Didoufri (v. 2565-2558)
Khéphren (v. 2558-2533)
Mykérinos (v. 2532-2515)

5e dynastie (v. 2500-2350)
Sahourê (v. 2490 ?)
Ounas (v. 2380-2350)

6e dynastie (v. 2350-2200)
Pépi Ier (v. 2300 ?)
Pépi II (v. 2250 ?)

PREMIÈRE PÉRIODE INTERMÉDIAIRE
(v. 2200-2033 av. J.-C.)

7e dynastie de l'historien Manéthon :
« 70 rois en 70 jours »

8e dynastie (v. 2200-2150)

9e et 10e dynasties (v. 2150-2050)
Khéti
Mérikarê

11e dynastie (v. 2106-1963) :
réunification du pays (v. 2033)

MOYEN EMPIRE (v. 2033-1710 av. J.-C.)
Nebhepetrê Montouhotep (2033-1982)
Séânkhkarê Montouhotep (1982-1970)
Nebtaouyrê Montouhotep (1970-1963)

12e dynastie (v. 1963-1786)
Amenemhat Ier (1963-1934)
Sésostris Ier (1934-1898)
Amenemhat II (1898-1866)
Sésostris II (1866-1862)
Sésostris III (1862-1843)
Amenemhat III (1843-1798)

13e dynastie (v. 1786-1650)
Khendjer (v. 1750 ?)
Sébekhotep III (v. 1750)
Sébekhotep IV (v. 1725)

DEUXIÈME PÉRIODE INTERMÉDIAIRE
(v. 1710-1550 av. J.-C.)

14e dynastie, contemporaine
de la fin de la 13e (v. 1710-1650)

15e-16e dynasties (v. 1650-1550) :
deux dynasties Hyksôs contemporaines
Apopi (v. 1550)

17e dynastie (v. 1650-1550)
les souverains Antef, Tâa Ier, Tâa II
« le Brave », Kamosis

NOUVEL EMPIRE (v. 1550-1069 av. J.-C.)

18e dynastie (v. 1550-1295)
Ahmosis (1550-1525)
Aménophis Ier (1525-1504)
Thoutmosis Ier (1504-1492)
Thoutmosis II (1492-1479)
Hatchepsout (1479-1457)
Thoutmosis III (1479-1425)
Aménophis II (1425-1401)
Thoutmosis IV (1401-1391)
Aménophis III (1391-1353)
Aménophis IV-Akhénaton (1353-1337)
Smenkhkarê (1338-1336)
Toutânkhamon (1336-1327)
Aÿ (1327-1323)
Horemheb (1323-1295)

19e dynastie (v. 1295-1186)
Ramsès Ier (1295-1294)
Séthi Ier (1294-1279)
Ramsès II (1279-1213)
Mérenptah (1213-1203)
Séthi II (1200-1194)

20e dynastie (v. 1186-1069)
Sethnakht (1186-1184)
Ramsès III (1184-1153)
Ramsès IV (1153-1147)
Ramsès VI (1143-1136)
Ramsès VII (1136-1129)
jusqu'à Ramsès XI

Troisième période intermédiaire (v. 1069-664 av. J.-C.)

21e dynastie (v. 1069-945)
le grand-prêtre Pinedjem (1044-1026)
Siamon (978-959)

22e dynastie (v. 945-715)
Chéchonq Ier (945-924)
Osorkon Ier (924-889)
Osorkon II (874-850)

23e et 24e dynasties, deux dynasties libyennes, en parallèle (818-715)

25e dynastie (v. 780-656), rois « kouchites » en Egypte à partir de 715
Piânkhy (747-716)
Chabaka (716-702)
Taharqa (690-664)

Basse Époque (664-332 av. J.-C.)

26e dynastie (664-525), rois « saïtes »
Psammétique Ier (664-610)
Psammétique II (595-589)
Apriès (589-570)
Amasis (570-526)

Première domination perse

27e dynastie (525-404)
Cambyse (525-521)
Darius Ier (521-485)

28e dynastie (404-399)

29e dynastie (398-379)
Néferitès Ier (399-393)
Hakoris (393-380)

30e dynastie (378-341)
Nectanébo Ier (378-361)
Nectanébo II (358-341)

Seconde domination perse (340-332)
Artaxerxès III, Arsès, Darius III

Époque ptolémaïque (332-30)
Alexandre le Grand (332-323)
Ptolémée II (282-246)
Ptolémée III (246-222)
Ptolémée IV (222-205)
Ptolémée VIII (170-165 puis 145-116)
Ptolémée XII (80-51)
Cléopâtre VII (51-30)

Annexion de l'Égypte par Auguste (30)

1 Crypte du Sphinx

Animal fabuleux, associant le corps d'un lion au visage du pharaon coiffé d'un némès, le sphinx est l'un des symboles de l'Égypte. C'est un *sphinx colossal* de granite rose (A 23) qui accueille le visiteur pénétrant par la crypte des Arts ; il provient du site de Tanis, situé dans le nord de l'Égypte. Les nombreuses inscriptions hiéroglyphiques qui ornent son poitrail, ses épaules et son socle ne sont pas toutes de la même époque ; on y lit le nom de différents rois : Chéchonq Ier (945-924 av. J.-C.), Mérenptah (1213-1203 av. J.-C.), et sans doute Apopi (v. 1550 av. J.-C.) ; le nom effacé sur le socle, devant la patte arrière droite, a été interprété comme celui d'Amenemhat II (1898-1866 av. J.-C.). Mais peut-être ce monument est-il plus ancien, la date n'en est donc pas fixée avec certitude.

Sphinx colossal

A 23
Ancien Empire
Snefrou (?)
Granit rose
L. 480 cm ; l. 154 cm ; H. 183 cm

Les *deux bas-reliefs* (B 18, B 19) placés de part et d'autre formaient les murs latéraux d'une petite chapelle érigée entre les pattes du grand Sphinx de Giza : on peut y voir le pharaon Ramsès II offrant de l'encens au Sphinx juché sur un piédestal. Le texte désigne le Sphinx sous le nom de « Horus de l'horizon », l'une des formes du dieu solaire.

2 Salle d'accueil

La *grande statue agenouillée* du prince et prêtre ritualiste en chef nommé Nakhthorheb (A 94) le figure en adoration. Placée à l'entrée du département, elle symbolise la pérennité de la civilisation égyptienne et l'emprise de la religion. Sculptée sous le règne de Psammétique II (v. 595-589 av. J.-C.), elle s'inspire de modèles qui datent du temps des pyramides. C'est aussi l'une des rares œuvres égyptiennes à avoir été exposées au Louvre avant l'époque de Champollion : elle fut acquise en 1816 au collectionneur aixois Sallier.

3 Le Nil

[Vitrine 1]

Selon les idées politiques et religieuses des Égyptiens, le roi d'Égypte est le maître légitime de « tous les pays étrangers ». Une terminologie consacrée en fait le « seigneur des Neuf Arcs », les neuf peuples qui habitaient la terre d'Égypte et ses confins aux temps des premiers rois. La liste en fut pieusement conservée pendant trois mille ans, au cours desquels l'environnement ethnique et politique des Égyptiens changea pourtant considérablement. Sur le *socle de la statue de Nectanébo II* (E 11220), les arcs qui gisaient sous la statue du pharaon (disparue) sont doublés par la liste des neuf noms, inscrits dans des enceintes de ville, surmontées de bustes de prisonniers de guerre ligotés, selon un langage imagé et limpide.

[Vitrine 2]

La crue annuelle du Nil, bien qu'elle provoquât parfois de graves destructions, était attendue comme un bienfait, car elle déposait une nouvelle couche de cet engrais naturel qu'est le limon. Ses eaux baignaient les terres élevées, qu'elles rendaient cultivables en l'absence de pluie. L'étendue du territoire agricole dépendait directement du niveau très variable de la crue. Plusieurs années consécutives de crues faibles entraînaient la disette ou la famine. La topographie égyptienne était associée à l'idée d'irrigation : le mot « province » s'écrivait avec le signe d'un territoire quadrillé de canaux.

Modèle de bateau

E 284
Moyen Empire
(v. 2000 av. J.-C.)
Bois stuqué et peint
L. 67 cm ; l. 15,5 cm ; H. 29,5 cm
Coll. Clot bey

Ce n'est que vers la fin de l'Ancien Empire (2200 av. J.-C.) que l'environnement de la zone nord-est du continent africain, qui était auparavant une savane, acheva de prendre l'aspect qu'il a aujourd'hui, un paysage aride aux vallées complètement sèches. Ce désert toujours proche constituait, tout autant que la verte vallée, l'univers des Égyptiens, même s'ils ne s'y aventuraient que pour la chasse, la traversée vers les oasis de l'Ouest, ou vers les mines et les carrières des montagnes de l'Est, sur les pistes qui menaient aux ports de la mer Rouge.

Dans cette civilisation, la culture fluviale tenait une grande place. Voyager s'écrivait avec un hiéroglyphe de bateau. Une longue vitrine (n° 2) tente de recomposer cet univers de bateliers. Les *maquettes de bateaux* transcrivent la volonté des Égyptiens de disposer de moyens de transport dans leurs tombeaux (v. 2000-1900 av. J.-C.). Les *poissons,* coulés dans le bronze pour fournir autant d'ex-voto aux pèlerins des sanctuaires, prêtent leurs formes à des divinités. Des *figurines d'hippopotames, de crocodiles et de grenouilles* achèvent de peupler la vitrine.

Hippopotame

E 5886
Moyen Empire (v. 2000 av. J.-C.)
Faïence siliceuse
L. 16,3 cm ; H. 9,2 cm
Coll. Rousset bey

Les poissons du Nil, scène de pêche (détail)

E 26092
Fin de la 5e-début de la 6e dynastie (v. 2350 av. J.-C.)
Calcaire peint
L. 157 cm ; H. 55 cm ; Ép. 3,5 cm
Don de la Société des Amis du Louvre

[Vitrine 3]

On retrouve les mêmes habitants des eaux du fleuve sur le *relief aux poissons* (E 26092). Sous la barque du pêcheur, outre les différentes espèces de poisson reproduites avec un souci d'encyclopédiste, l'artiste n'a pas résisté à la tentation de compléter le tableau avec un crocodile, deux hippopotames et une grenouille.

[Vitrines 4 et 5]

Toute la plaine alluviale était peuplée par les communautés agricoles. Les nombreuses cités étaient des ports, des marchés, des centres administratifs et religieux. Parmi les plus importantes, Memphis est la capitale qui commandait les « Deux-Terres » (l'Égypte du Nord et du Sud) à l'Ancien Empire, depuis sa fondation légendaire par le premier des pharaons, Ménès ; Héliopolis, sa voisine, était la cité du grand dieu solaire Rê. Au nord, le vaste Delta, d'abord pays de pâturages, devint, au Nouvel Empire, une terre de résidences royales, de fermes pour les vétérans, puis de capitales. Les cités du Sud les plus célèbres sont Abydos, la ville sainte d'Osiris, et Thèbes, la capitale du Nouvel Empire, domaine du dieu Amon. Éléphantine gardait la frontière sud ; non loin, le grand temple d'Isis à Philae fut le dernier bastion de la religion égyptienne quand triompha le christianisme, après le IVe siècle. *Hâpy,* l'incarnation divine de la crue du Nil, était adoré par tous les Égyptiens en tant que dieu de la prospérité. Son image de génie bedonnant chargé de plantes est reproduite au bas des murs des temples, telle une marée bienfaisante.

Le génie de la crue du Nil

E 4874
Basse Époque (664-332 av. J.-C.)
Bronze
H. 12,3 cm

Fragment de la chapelle d'Akhethétep : le défilé des fermières

E 10958A
Vers 2400 av. J.-C. (5e dynastie)
Saqqara
Calcaire

4 Les travaux des champs

Le mastaba

Des chapelles de tombes constituent les deux pôles d'attraction de la salle : la *chapelle d'Akhethétep* (E 10958A), contre le mur du fond, et celle *d'Ounsou* (N 1431 etc.), placée au centre. Si elles sont associées au thème de l'agriculture, c'est que l'on y trouve des tableaux très vivants de la vie agricole.

Peintures de la tombe d'Ounsou

N 1431
Vers 1450 av. J.-C. (18e dynastie)
Rive gauche de Thèbes, aujourd'hui Louxor
Peinture sur limon
L. 94 cm ; H. 68 cm

Ounsou était scribe des greniers du dieu Amon, vers 1450 av. J.-C., et c'est donc dans l'exercice de ses fonctions officielles qu'il est figuré sur une succession de fragments peints sur torchis, assistant au labour, aux moissons et au transport des céréales.

Chez Akhethétep, qui vécut au temps des grandes pyramides, mille ans auparavant, les scènes sont sculptées en fin bas relief dans du calcaire. Les activités de ses fermes s'y déploient en de nombreuses scènes apposées et superposées. En tant que courtisan, il tirait sa puissance et ses revenus de domaines attribués par faveur royale ; car la théorie du pouvoir faisait du pharaon le seul propriétaire de la terre d'Égypte tout entière. C'est donc le cadre de sa vie quotidienne de « gentleman-farmer » qui est reproduit dans sa chapelle. Mais en fait, le monument est autant consacré à sa survie matérielle dans l'au-delà qu'au maintien de son souvenir sur terre.

[Vitrine 2]

On ne peut en douter devant sa colossale *table d'offrande* (E 10958B). Les ustensiles du repas y sont sculptés, comme figés dans le granite rose, et le résumé se trouve sculpté au milieu, sous la forme d'un grand hiéroglyphe qui se lit « hétep » et signifie « être satisfait ». Autour de lui, les plats, posés sur les supports (que l'on voit sur les flancs de la table) et sculptés sur le dessus, le bassin et le nécessaire de toilette remplissent leur fonction, par la simple magie de la reproduction des formes. Dans la même vitrine sont exposés des ustensiles réels, ceux-là mêmes qui sont reproduits sur l'autel en pierre, trouvés dans des tombeaux de la même époque.

L'intérieur de la *chapelle d'Akhethétep* (E 10958A) est exigu, c'est pourquoi il est recommandé d'étudier les scènes et les traductions qui sont données à l'extérieur avant d'y pénétrer. Le mur face à l'entrée est sculpté en forme de deux grandes portes. Ces « fausses portes » magiques servent de passage à l'âme du mort, qui navigue pendant la journée sur les lieux de son choix, et s'en vient prendre possession des repas apportés dans la chapelle par la famille ou ses émissaires, des prêtres chargés du culte funéraire. La scène principale est celle du petit côté situé à droite en entrant. Akhethétep, en taille colossale, s'apprête à consommer son repas, agrémenté de musique et de danse. Dessous, des bouchers découpent le morceau de choix, la patte de bœuf. Des femmes qui avancent en file indienne incarnent chacune une ferme ; elles livrent les offrandes dues par les exploitations agricoles qui étaient consacrées à son service funéraire. Ce sont les activités de ces fermes qui sont reproduites sur les autres murs. Un personnel spécialisé de prêtres vivait de cette charge, se rémunérant sur ces fondations funéraires. Les bas-reliefs de la chapelle ont été achetés en Égypte en 1903, ils proviennent d'un *mastaba* (« banquette » en arabe), c'est-à-dire une maçonnerie massive qui surplombait le caveau, à Saqqara, près de Memphis, la capitale antique. Des fouilles en cours dégagent la totalité de ce mastaba d'une taille et d'une qualité exceptionnelles.

Les porteuses d'offrandes

E 11990, E 11991, E 11992,
E 12001, E 12029
Vers 1950 av. J.-C. (12e dynastie)
Fouilles d'Assiout et d'Antinoé
Bois peint
H. max. 63,2 cm ; Pr. max. 33,8 cm

[Vitrine 1]

Les *porteuses d'offrandes* représentent une autre coutume funéraire en vigueur au Moyen Empire (v. 2000-1800 av. J.-C.) : le dépôt dans les tombeaux de maquettes de scènes de la vie agricole et industrielle, à la place de leurs représentations par la peinture ou le bas-relief. Provenant de différentes sépultures, les fermières ont été ici alignées en cortège, comme défilaient celles des fondations funéraires figurées dans le mastaba d'Akhethétep. Chacune est simplement chargée d'un cageot de bières et d'une volaille, en un résumé du manger et du boire qu'elles assuraient au défunt.

[Vitrine 3]

Les *peintures de la chapelle d'Ounsou* sont fragmentaires mais très instructives. On y voit des hommes labourant avec des bœufs, tandis que d'autres tirent eux-mêmes un araire, afin que la terre ainsi fendue reçoive aussitôt la semence jetée simultanément (N 1431). Sur le registre supérieur, on est à la saison des moissons. La récolte se fait à la faucille ; les épis sont coupés haut, des glaneuses ramassent des épis tombés au sol. Une femme apporte le casse-croûte des moissonneurs. En haut, les épis sont transportés dans des grands filets jusqu'à l'aire de dépiquage où tournent des bœufs. Sur un autre fragment, les sacs de grain sont chargés sur un cargo, sans doute pour être stockés dans des greniers du temple. En effet, Ounsou était comptable des greniers du dieu Amon, dont les biens n'allaient cesser de croître tout au long du Nouvel Empire, faisant de son sanctuaire une grande puissance temporelle. La *statue d'Ounsou et de son épouse* (A 54), en vitrine 4, provient aussi de sa chapelle.

[Vitrine 11]

Les *modèles agricoles* appartiennent à la même catégorie d'objets funéraires que les porteuses d'offrandes. Des petites maquettes en bois peint mettent en scène la vie agricole ; il en existe aussi pour tous les aspects de l'industrie humaine.

[Vitrines 5 et 6]

Dans deux vitrines disposées le long du mur nord sont exposés des papyrus. Les plus petits (vitrine 5) sont des *contrats de métayage*, assortis de location de bétail. Les deux versions d'un contrat remanié sont exposées côte à côte (E 7833 et E 7837). Dans sa seconde version, il est beaucoup plus favorable au cultivateur ; plutôt que de louer deux vaches au propriétaire, il s'arrange avec des compagnons pour faire le travail avec une seule vache louée, moyennant quoi il accroît considérablement la part de récolte qui lui revient. Le document prévoit tous les cas de figure, depuis la part des impôts jusqu'aux éventuels dommages qui pourraient advenir à la vache de location…

Le grand papyrus de la vitrine 6 voisine est exceptionnel : c'est un *cahier de comptabilité administrative* (E 3226) sur lequel ont été consignées, pendant sept années du règne de Thoutmosis III, les livraisons de deux équipes du Grenier central chargées de la collecte et de la redistribution de grain. Les céréales, prélevées en tant que part d'impôt, étaient échangées contre des dattes, sans doute cultivées par des particuliers, afin de pourvoir aux rations des employés de l'administration. Dans un pays où la monnaie est inconnue, même l'État doit procéder à des trocs, afin de fournir à ses fonctionnaires des salaires en nature. Ce papyrus n'était pas rare : toutes les affaires administratives, même les plus infimes, étaient ainsi couchées par écrit sur papyrus par une armée d'employés méticuleux.

[Vitrine 8]

Les deux *stèles de donation* exposées en face de la vitrine 6 sont également des documents juridiques, mais leur nature religieuse explique la présence du roi et des dieux. Les temples, ou demeures des dieux, possèdent des territoires agricoles qui permettent d'assurer leur fonctionnement et le ravitaillement de leurs employés.

Des particuliers pouvaient offrir un terrain à un temple, en guise de fondation pieuse ; la terre pouvait servir à rémunérer un serviteur du dieu, c'est sans doute le cas ici pour un musicien d'Hathor (C 261). Sur la stèle, c'est le roi qui tend le hiéroglyphe des champs aux dieux du temple concerné. En effet, en théorie, seul le roi peut être propriétaire de la terre d'Égypte. De la même façon que les fondations consacrées au service du culte funéraire d'Akhethétep assuraient une redistribution de leur richesse aux employés qui en avaient la charge, le culte des dieux pouvait aussi être une source de redistribution des richesses foncières.

[Vitrine 7]

Cette vitrine éclaire la façon dont les Égyptiens concevaient leur vie *post mortem* : ils l'imaginaient à l'identique de celle d'ici-bas, où la survie dépend de champs bien cultivés. Mais, alors qu'ici-bas l'inégalité sociale et la spécialisation des tâches permettent à certains d'échapper aux durs métiers de la terre, une certaine égalité règne dans les Champs des Offrandes, une sorte de paradis où l'on doit travailler pour assurer sa subsistance. Heureusement, les récoltes y sont fabuleuses : à maturité, le blé y est haut de sept coudées, soit 3,50 mètres... Le chapitre 110 du *Livre des morts,* le viatique des défunts, illustre ces travaux dans les champs de l'au-delà. Comme sur terre, les canaux serpentent entre les lopins de campagne. Effectivement, le blé dépasse largement la tête du cultivateur. En différents endroits, ce dernier adresse des prières aux dieux locaux, ainsi qu'à Hâpy, la divinité qui incarne la crue bienfaisante du Nil.

[Vitrines 9 et 10]

Au revers sud de la chapelle d'Ounsou, des *bas-reliefs* tardifs (entre les VIIe et IVe siècles av. J.-C.) montrent des femmes aux vendanges ou travaillant à l'industrie de la parfumerie, cueillant les fleurs de lis et extrayant leur jus. La vitrine d'à côté (n° 10) expose d'authentiques *outils agricoles*. Le plus courant est la *houe* (N 1394), qui remplissait la fonction d'une bêche et d'une pelle, deux instruments inconnus à cette époque. Aujourd'hui encore, une variante à lame de métal, la *touri,* garde la préférence des Égyptiens pour les travaux des champs.

Houe

N 1394
Bois
L. 71 cm ; l. 48,5 cm

5 Élevage, chasse et pêche

Le repas des Égyptiens

[Vitrine 4]

Le long du mur nord, deux vitrines contiennent les vestiges *du mastaba de Métchétchi* (E 25507 à E 25549). Ces fragiles fragments peints sur torchis remontent à 2450 av. J.-C. Les scènes d'élevage côtoient celles de chasse

Peintures du tombeau de Métchétchi

E 25507 à E 25549
Vers 2350 av. J.-C.
(début de la 6e dynastie)
Saqqara ?
Torchis enduit et peint

aux oiseaux. Des hommes présentent à Métchétchi, figuré assis à grande échelle, les volatiles capturés, en les sortant des cages. À côté, des hommes penchés en arrière sont en train de rabattre avec force le filet ; la scène se passe dans les marais, parmi les hérons et les papyrus. En examinant de près le dégradé délicat du plumage des volatiles, on constate que la peinture égyptienne n'est pas toujours en simples à-plats. Sous la chasse, l'élevage : on assiste à la naissance d'un veau, puis à la traite de la vache. La chasse au filet était la manière usuelle de se procurer de la volaille, que l'on engraissait ensuite en captivité. À côté de ce demi-élevage, l'élevage véritable de l'oie, avec reproduction en basse-cour, est attesté ; celui de la poule ne devint courant qu'à partir du VIe siècle av. J.-C.

[Vitrine 2]

Une grande vitrine rassemble des objets relatifs à la chasse et à la pêche. Dans le cadre des activités rurales menées dans les fermes qui ravitaillent le tombeau, comme le mastaba d'Akhethétep (salle 4), ou chez Métchétchi (vitrine 4), ce sont des serviteurs anonymes qui attrapent les poissons, préparés sur-le-champ et mis à sécher, et qui capturent les oiseaux au filet. On ne doit pas confondre ces chasses utilitaires avec le noble sport que le maître affecte de pratiquer pendant ses heures de loisir. Dans le désert, il chasse à l'arc antilopes et gazelles. Dans les marais, il harponne

Scène dans les marais du Nil

E 13101
Cabinet des Médailles
Vers 1450-1400 av. J.-C.
(milieu de la 18e dynastie)
Thèbes, tombe de Néferhétep
Peinture sur limon
L. 74,5 cm ; H. 43 cm

l'hippopotame (mastaba d'Akhethétep) ou attaque les oiseaux au boomerang. La *peinture aux oiseaux* (E 13101) provient d'une de ces scènes ; les oiseaux, hôtes permanents ou de passage sur les bords du Nil, sont dérangés par les chasseurs et s'envolent d'un bosquet de papyrus.

À l'intérieur de cette vitrine 2, on peut apprécier l'imagerie qui tourne autour du thème du désert et des marais, les deux pôles de la vie sauvage qui encadrait le monde cultivé que les Égyptiens habitaient. C'est leur idée de la « nature » qui s'exprime dans un choix conventionnel d'animaux et de plantes ornant les objets du quotidien. Certains y voient une signification religieuse plus forte que la simple expression du sentiment de la nature et de la vie sauvage. En effet, les mêmes images sont parfois utilisées dans le domaine sacré, comme l'oryx sacrifié, le nénufar (ou lotus) qui apparaît à la création du monde. En fait, les deux types d'illustrations puisent à la même source : l'environnement naturel. Cette veine bucolique est en particulier répandue sur les objets de toilette (voir salle 9).

[Vitrine 1]

La vitrine 1 illustre l'élevage. L'objet le plus remarquable est une *statuette de cochon* (E 27248) en bois. Le porc entrait bien dans l'alimentation égyptienne, mais il est rarement représenté. Renni, maire d'Elkab vers 1550 av. J.-C., dénombrait son bétail ainsi : 122 bœufs et vaches, 100 moutons, 1 200 chèvres et 1 500 porcs. On voit par là que, dans un pays pauvre en pâturages, le mouton et le bœuf sont les plus difficiles à élever.

C'est le bœuf qui représente la viande par excellence, et sa patte avant est offerte en repas aux morts. Une série d'esquisses ou « ostraca », des fragments inscrits ou dessinés trouvés dans le village qu'habitaient les ouvriers des tombeaux de la Vallée des Rois, appelé aujourd'hui Deir el-Médineh, représentent des *taureaux* vigoureux amenés par des bouviers. D'autres montrent des *singes* cynocéphales dressés à cueillir les noix de doum. Les chevaux, introduits d'Asie à la suite de l'invasion des Hyksôs (v. 1600 av. J.-C.), sont réservés à l'armée et à la chasse. Le dromadaire n'est pas communément élevé en Égypte avant le IIIe siècle, on ne le trouve donc pas dans cette vitrine.

Chatte jouant avec ses trois petits

E 5586
Basse Époque (664-332 av. J.-C.)
Bronze
l. 6,8 cm ; H. 11,2 cm
Coll. Rousset bey

[Vitrine 3]

Les animaux ont été aussi des compagnons pour l'Égyptien. Le chien, qui rôde autour des installations humaines à la recherche de quelques restes, se laisse facilement apprivoiser. Parmi les plus anciennes stèles (v. 3100-2700 av. J.-C.), il en est qui sont consacrées à des chiens, et qui portent leur nom (voir salle 21, vitrine 2). Deux autres bêtes se partagent la vitrine : les chats et les singes. Le chat, d'origine libyenne, devient un familier des foyers égyptiens à partir de 2000 av. J.-C. ; en égyptien ancien, « chat » se dit *miou.* Les gracieuses statuettes tardives en bronze figurant une mère et ses petits sont en fait des allusions à la *déesse chatte Bastet,* très populaire après 900 av. J.-C. À côté, le singe est un petit cercopithèque qui faisait l'amusement de la maisonnée. C'est à ce titre qu'il appartient au décor du mobilier. Il était si recherché qu'on l'importait depuis la Nubie.

[Vitrine 5]

La seconde moitié de la salle concerne l'alimentation, aboutissement logique des salles 4 et 5. Un *grand bas-relief* introduit à ce thème : c'est le *repas funéraire de Tepemânkh* (E 25408), commenté par une longue liste de mets inscrits en hiéroglyphes dans des cases. Loin de refléter les goûts personnels de Tepemânkh, elle est conventionnelle ; elle appartient à une grande scène d'offrande rituelle, accomplie par ses fils (à petite échelle, en bas à droite). Elle se lit de droite à gauche et de haut en bas. On commence par le petit déjeuner ; puis, aux pains de toutes sortes, succèdent les viandes, le tout copieusement arrosé de bières diverses ; sur la fin apparaissent les sucreries. Les différentes variétés de pains et de gâteaux portent des noms intraduisibles ; nous ignorons les recettes qui se cachent derrière.

Scène de brasserie

E 27164
Moyen Empire (2033-1710 av. J.-C.)
Bois peint
L. 29,5 cm ; l. 20,3 cm ; H. 14,4 cm

[Vitrine 6]

La face sud de la vitrine 6 illustre le pain et la bière. Leurs fabrications sont en effet étroitement associées, la bière étant faite de pains d'orge à peine cuits, laissés à la fermentation, additionnés de sucre – en l'occurrence, de la pulpe de datte. Elle est ensuite filtrée par des brasseurs à travers des tamis, et recueillie dans de grandes jarres. Le geste caractéristique du *brasseur* (E 25212) est de se pencher en avant ; il pèse de toutes ses forces sur la pâte afin d'extraire le jus. La bière est reversée dans des *vases pointus* reproduits en modèles (E 2718, E 2719, E 2720), au bouchon conique, que l'on entasse dans des cageots ; le modèle réduit d'une caisse de bière (E 2716) est semblable à ceux apportés par les fermières de la salle 4 (vitrine 3). Les *meuniers* (E 17238) travaillent au sol, broient, en un mouvement incessant d'avant en arrière, le grain pressé entre deux pierres frottant l'une contre l'autre, la farine retombant sur l'avant de la pierre. Elle devait contenir un peu de sable, et la denture des momies montre une usure avancée des molaires... Les *pains desséchés* (E 14673, E 14555) trouvés dans les tombeaux ont les mêmes formes variées qu'on leur voit sur les tables d'offrande.

La face nord de la vitrine 6 illustre la viande et les légumes. Notre connaissance de la table égyptienne passe par les représentations des tombeaux et des temples. C'est dire qu'elles ont un caractère plus idéal que réaliste. Ces compositions remplissent la même fonction que le « menu » de Tepemânkh : dresser une liste conventionnelle, pour un repas de rêve. La viande y tient une grande part, ce qui est peu probable dans le quotidien des Égyptiens. On y trouve des morceaux de bœuf, toujours représentés de la même façon : la patte avant, la tête, les côtes, l'épaule ; des volailles plumées ; des oignons, des figues, des raisins, de grosses laitues allongées dites « romaines », des pains ronds ou triangulaires. Cela compose parfois d'admirables natures mortes, des échafaudages d'où le vide est absent et qui sont signes d'abondance. Il s'agit d'une sorte de genre artistique ; les plats en sauce ou les ragoûts, cuisinés dans des marmites, à l'apparence peu attirante, ont peu de chances d'être reproduits. On ne voit des plats de cuisson que dans les scènes de cuisine et d'élevage. Sur la *scène de cuisine* (E 17499), un cuisinier remue le contenu d'une marmite ; le texte indique qu'il s'agit de la pâte du pain (ou gâteau) *shat,* et l'on peut comprendre qu'il était parfumé au nénufar, une indication culinaire rare.

[Vitrines 7 et 8]

Le vin était habituel à la table des dieux – dans l'offrande cultuelle – et des grands personnages du royaume. Les amphores n'étant pas imperméabilisées (pas avant l'époque grecque, à partir du IIIe siècle av. J.-C.), le vin devait être bu « jeune », sinon il s'évaporait. Les meilleurs crus se trouvaient dans le Delta, en Haute-Égypte et dans les oasis. Le vignoble, la date et le nom du vigneron étaient inscrits sur les *amphores* du Nouvel Empire (v. 1300 av. J.-C.), exposées comme dans un cellier en vitrine 8. Les plus grandes remontent aux temps des rois des deux premières dynasties, et l'on ignore le sens des signes gravés sur l'épaule. Dans les celliers, elles étaient simplement entassées les unes contre les autres. Pour le service, on les posait sur des supports à claire-voie en bois. Sur la *peinture* (N 3318) de la vitrine 7, un serviteur les évente pour les garder fraîches.

[Vitrine 9]

Les *légumes,* les *fruits* et les *graines* déposés dans les tombeaux pour la subsistance du défunt donnent aux botanistes de précieux exemplaires de produits naturels antiques. Aujourd'hui tout desséchés, les dattes, les grenades, les raisins, les figues, les oignons ne sont pas toujours faciles à reconnaître. Les grains de blé et d'orge sont, au contraire, très bien conservés ; contrairement à ce que dit une légende tenace, il n'est plus possible de les faire germer.

6 L'écriture et les scribes

Les Égyptiens n'ont pas inventé l'écriture, apparue plus tôt au Proche-Orient, et ont même probablement bénéficié de l'expérience de leurs voisins, mais ils ont développé un système tout à fait original d'une grande stabilité, puisque, né un peu avant 3000 av. J.-C., il est resté en usage jusqu'au IVe siècle ap. J.-C. !

L'usage des hiéroglyphes répondrait à une volonté de crypter le langage pour exprimer un savoir ésotérique accessible à un petit nombre d'initiés. Les égyptologues eux-mêmes doivent se livrer à un remarquable effort d'interprétation pour comprendre cette écriture.

Cette croyance est tout à fait fausse ! Jean-François Champollion a déchiffré les hiéroglyphes, non seulement en exploitant la célèbre pierre de Rosette, conservée à Londres, mais également les noms des rois égyptiens enfermés dans des cartouches, et dont les Grecs et les Romains nous avaient transmis la prononciation approximative, et enfin grâce à la langue copte des chrétiens d'Égypte. À partir de ce remarquable travail, poursuivi ensuite par les linguistes qui lui ont succédé, la plupart des textes hiéroglyphiques, pour peu qu'ils soient bien conservés, sont tout à fait compréhensibles et obéissent à des règles grammaticales bien précises comme on en trouve dans toutes les langues du monde. Ils ne sont en rien hermétiques ! Le *décret trilingue de Canope* (C 122), exposé au fond de la salle, face à l'entrée, un hommage des prêtres à Ptolémée III (246-222 av. J.-C.) et à sa famille, est une stèle très usée, car elle fut réutilisée comme seuil de porte. C'est un document tardif, du même genre que la pierre de Rosette, qui fut rédigé, d'une part, en langue égyptienne sous ses deux formes, hiéroglyphique et démotique, et, d'autre part, en langue grecque, langue officielle de l'époque.

[Vitrine 1]

Une autre croyance largement répandue : les scribes travaillent accroupis sur le sol, aux pieds de leur maître, prêts à recueillir humblement ses paroles.

Le scribe est avant tout l'homme qui sait lire, écrire et aussi dessiner. La maîtrise de l'écriture procure à celui qui la possède une situation privilégiée, car elle ouvre la porte à des métiers valorisants, et peut conduire au pouvoir sous toutes ses formes. Les scribes occupent tous les secteurs de l'administration et ce sont eux, en outre, qui élaborent et préparent les décors des constructions.

Cela dit, l'homme instruit peut aussi bien demeurer un petit bureaucrate qu'accéder aux plus hautes fonctions et ce n'est pas l'attitude de sa statue qui permet de voir la différence. L'homme qui écrit est normalement assis par terre en tailleur, car les Égyptiens ne s'appuyaient pas comme nous sur une table pour travailler ou pour s'alimenter. Il peut ainsi poser son rouleau de papyrus ou sa tablette sur ses genoux.

Statue d'homme représenté en scribe

A 42
5e dynastie (v. 2500-2350 av. J.-C.)
Nécropole memphite ?
Calcaire peint
H. 58 cm ; l. 35 cm ; Pr. 33 cm

Des fonctionnaires importants qui, sur les parois de leur tombe, se font représenter debout tenant une canne, ou assis sur un siège dans une attitude pleine de dignité, aiment à se faire fabriquer des statues à leur image qui les montrent dans la posture de l'écrivain ; cela est particulièrement fréquent à l'Ancien Empire, époque à laquelle appartient ce *scribe assis en tailleur* (A 42) qui tient sur ses genoux son rouleau de papyrus. Quelques objets réunis ici, et qui appartiennent à différentes époques, donnent un aperçu de son matériel, qui est exposé plus complètement dans la vitrine 2, notamment la *palette,* le *godet* et le *coupe-papyrus*. Les Égyptiens n'ont pas inventé le cahier relié (codex), mais utilisent néanmoins le feuillet pour les petits documents, comme cette *lettre provenant de El Hibeh* et datant de la 21e dynastie (E 25360).

Le matériel du scribe

[Vitrine 2]

Normalement, le scribe maintient son rouleau de papyrus de la main gauche – s'il est droitier – et le déroule au fur et à mesure qu'il le complète, en écrivant à partir du bord droit, donc de droite à gauche : l'usage des rouleaux rend compte du sens des écritures anciennes qui s'est maintenu jusqu'à nos jours pour la rédaction des textes arabes et hébreux.

Le *relief représentant un scribe* (E 14321) nous montre un personnage de profil, assis sur le sol, un genou plié, rédigeant son document dans une position inconfortable, parce que réinterprétée pour rendre lisibles les éléments de la scène, rabattus sur un plan unique. Les pinceaux coincés derrière son oreille gauche apportent une note pittoresque ; devant lui, un encrier-coquillage est posé sur un récipient et contient les pastilles de

Bloc de paroi d'un mastaba

E 14321
4e ou 5e dynastie
Provenance inconnue
Calcaire
H. 26 cm ; l. 59 cm ; Ép. 15 cm

couleurs ; autour de lui, les rouleaux de papyrus liés en faisceaux sont disposés sur une boîte et un sac qui servent au stockage et au transport du matériel. Le rouleau de papyrus peut être rangé dans une *boîte cylindrique* (N 1319) qui jouent le même rôle que nos étuis à dessin.

L'accessoire principal, la palette, a inspiré les artistes qui lui ont donné des formes très diverses : beaucoup, provenant de tombes, sont des simulacres, la maîtrise des écrits étant une des conditions de la communication avec les dieux et les êtres de l'au-delà. La *palette du scribe Pay* (N 3023), bien qu'elle porte des formules funéraires, est assez représentative de l'outil usuel. L'invocation s'adresse notamment à Thot, dieu d'Hermopolis, « maître des paroles du dieu », à qui il est demandé la connaissance des écrits. Les pinceaux – des tiges de roseau dont l'extrémité était écrasée – sont logés dans une cavité. Quatre cupules contenaient les pains de couleur, partiellement conservés. Les couleurs de base sont le noir et le rouge, mais la gamme peut être plus étendue comme le prouve cette *palette d'Imenmès* (N 3014) qui possède neuf cupules. Les couleurs étaient fabriquées à partir de matières minérales écrasées à l'aide de *broyeurs* et rendues solides grâce à un liant. Ces pains de couleur sont utilisés comme notre gouache, et délayés dans l'eau du *godet*.

Des lames minces (*coupe-papyrus à tête de canard* [N 2120 et, dans la vitrine 1, E 3673]) permettent de régulariser les bords des feuilles avant de les utiliser telles quelles ou de les assembler en bandes ; la feuille de papyrus, à sa sortie de l'atelier, devait être rêche, d'où l'utilisation de *lissoirs* pour la rendre propre à l'usage.

L'outillage du scribe ne serait pas complet si l'on ne mentionnait le *sceau*. C'est un des symboles essentiels de l'autorité et les Égyptiens anciens en ont fait un large usage, car ils scellaient, avec des cachets d'argile, non seulement les écrits, mais aussi les portes, les récipients ou les coffres, et les objets les plus inattendus du mobilier funéraire. En relation avec l'écrit, le cachet a plusieurs fonctions : il maintient le document serré, le protège des regards indiscrets ; enfin, il porte les signatures ou les marques d'identification. On a retrouvé des sceaux-cylindres à l'orientale, des sceaux-boutons, des sceaux en forme de personnages ou d'animaux. Les bagues et les chevalières, exposées parmi les bijoux, sont également utilisées comme sceaux.

Palette du scribe Pay

N 3023
18e dynastie
(v. 1550-1295 av. J.-C.)
Région thébaine
Bois, roseau, restes de pains de couleur
L. 33,3 cm ; l. 5,5 cm ; Ép. 1,4 cm
Coll. Salt

Hiéroglyphes d'incrustation

E 27496
IVe siècle av. J.-C
Provenance inconnue
Faïence

Principes et supports de l'écriture

[Vitrine 3]

On pense souvent que les Égyptiens n'utilisaient pour exprimer leurs idées que des signes figuratifs, les hiéroglyphes, auxquels ils donnaient des valeurs symboliques.

Cette idée est fausse, mais n'est pas pour autant absurde ! À la suite des Chinois, les Japonais, convertis à la civilisation technologique, utilisent encore largement les idéogrammes. Les Égyptiens ont mis au point un système complexe qui combine pictogrammes et signes phonétiques. Ils ont même réussi à isoler vingt-cinq signes représentant les consonnes simples de leur langue, mais ils n'ont utilisé cet « alphabet » que comme complément des quelques sept cents autres signes usuels : la caille et la chouette de ces *modèles d'artisans* (E 11129, E 18564) représentent les lettres *w/ou* et *m*. Plus on avance dans le temps, et plus le nombre des signes augmente ! Paradoxalement, les textes de l'Ancien Empire sont plus riches en signes « monolitères » (représentant une seule consonne) que les textes ultérieurs, ce qui ne les rend pas plus lisibles ! L'écriture alphabétique n'est donc pas un aboutissement obligé et elle ne sera utilisée que tardivement pour transcrire les noms des souverains grecs et romains, ainsi qu'on peut le voir sur ce *fragment de clepsydre au nom d'Alexandre* (E 30890).

L'écriture hiéroglyphique est une écriture monumentale – étroitement associée à l'image et à l'objet – comme nos capitales d'imprimerie. Les signes peuvent être aussi soignés que des images (*inscription funéraire* [E 11165]). Accompagnant les êtres vivants du décor, elle peut être tournée vers la droite ou vers la gauche, disposée en lignes ou en colonnes, être peinte ou gravée en creux, ou sculptée en relief comme le montrent les objets rassemblés dans cette vitrine. Ses supports privilégiés sont la pierre et les matériaux durs plus ou moins précieux. Dans un souci de raffinement, on fabrique même des *hiéroglyphes de faïence* ou de verre, incrustés ensuite dans la pierre, le métal ou le bois. Des textes en hiéroglyphes simplifiés existent sur papyrus ou ostraca (éclats de pierre ou de poterie), mais il s'agit de textes religieux (*extrait d'un Livre des morts* [E 4889]). Dès l'origine, les Égyptiens ont développé une écriture

Salle 6

cursive propre à servir aux usages courants, simplifiée, ligaturée et tracée à l'encre sur divers supports : papyrus, cuir, tablette en bois et ostracon. Cette écriture, que nous nommons « hiératique » à la suite des Grecs, a été utilisée en même temps que les hiéroglyphes, pendant toute l'histoire pharaonique (*lettre de Bakenkhonsou* [E 11006]). Vers 700 av. J.-C., le hiératique a été supplanté pour les usages courants et administratifs par le démotique (l'écriture « populaire » des Grecs), une sorte de sténographie (*contrat de location de champs* [E 7839]). Quand les Égyptiens souhaiteront adopter un alphabet, ils renonceront à leur système et adopteront les lettres grecques : cette écriture – le copte associé à l'état ultime de la vieille langue égyptienne – deviendra celle des chrétiens d'Égypte (*Évangile de Luc sur parchemin* [E 9970]).

Lettre en écriture hiératique de Bakenkhonsou

E 11006/3
Région thébaine ?
20e dynastie, règne de Ramsès IV
(v. 1153-1147 av. J.-C.)
Papyrus
H. 22,7 cm ; l. 20,5 cm
Don Mallet

Les écrits

[Vitrine 4]

Les Égyptiens nous ont transmis des écrits variés religieux, littéraires, médicaux, mathématiques, administratifs, judiciaires, épistolaires. Parmi les plus anciens, on trouve des inventaires détaillés de matériel de culte arrangés en tableaux (*papyrus d'Abousir* [E 25280]). Le papyrus étant un matériau coûteux, on efface parfois l'ancien texte (*texte comptable* [N 3171]), ou l'on se sert du verso (*enseignement/texte médical* [E 4864]). Les textes illustrés sont des textes religieux ou magiques (*papyrus Jumilhac* [E 17110]) ; les Égyptiens n'illustraient pas les textes de leurs contes. Les scribes apprentis utilisent des tablettes sur lesquelles ils recopient les « classiques » (*Satire des métiers* [N 693]).

Les patrons du scribe

[Vitrine 5]

L'écriture est un savoir hérité des dieux. Le « maître des paroles du dieu » est Thot, dieu de la ville d'Hermopolis, représenté sous l'aspect d'un ibis, sa forme première, ou d'un singe, par suite de l'annexion d'un dieu ancien. Il arrive que le scribe soit représenté avec un babouin juché sur sa tête (*statue* [E 25398]) : cet animal agressif, peu doué pour servir de compagnon à l'homme, est en fait dans ce cas une représentation du dieu, patron du lettré.

Les Égyptiens ont, en outre, conservé le souvenir de grands personnages qui s'étaient distingués dans divers domaines et qu'ils ont divinisés : le plus célèbre est Imhotep, qui a vécu sous le roi Djéser (2680-2650 av. J.-C.), l' inventeur de l'architecture de pierre. On le crédita de multiples talents, incluant aussi bien la philosophie que la médecine, et il devint, aux époques tardives, un dieu guérisseur. Des statuettes en bronze ou en pierre le représentent assis sur un siège et tenant un rouleau de papyrus (*figurine en bronze* [E 3639]). Avant de se mettre au travail, le scribe devait verser quelques gouttes d'eau de son godet pour s'attirer la faveur des dieux (*godet de Paser* [E 5344])

À compter parmi les préjugés : dans l'Égypte ancienne, les femmes ne savaient pas lire et écrire.

Faux ! Un très petit nombre de femmes auraient même porté le titre de scribe ; en tout cas, certaines femmes se sont fait représenter dans leur tombe avec un matériel d'écriture sous leur chaise, et c'est une déesse, Séchat, nommée aussi Sefekhet-Âbou, qui patronne les archives ; elle est particulièrement douée pour les calculs et les inventaires, elle enregistre les noms du roi lors de son couronnement, garde les *Annales*, et apparaît comme actrice dans les scènes de fondation (*bloc du temple de Tôd* [E 15117]). On la reconnaît à sa coiffure, un mystérieux emblème en forme de fleur à sept pétales, surmontée de cornes inversées.

Fragment de paroi de temple : scène de fondation ; la déesse Séchat

E 15117
11e dynastie, règne de Séânkhkarê Montouhotep
(v. 1982-1970 av. J.-C.)
Fouilles du temple de Tôd
Calcaire
H. 35 cm ; l. 35 cm

Les poids et mesures

[Vitrine 6]

On a su compter avant d'écrire ; des petits cailloux suffisaient pour donner une forme matérielle à des opérations simples. Mais la technique comptable progresse avec l'usage de l'écriture. Les Égyptiens éprouvent vite le besoin d'avoir des nombres et des unités pour compter et mesurer le temps, l'espace et les masses et inventent un système de numération à base 10, fonctionnant comme le système romain. Comme beaucoup de peuples, ils prennent les parties du corps comme unités : la règle égyptienne dont le musée du Louvre possède un bel exemplaire, la *coudée de Maya* (N 1538), mesure 52,3 cm ; ses subdivisions, 7 palmes et 28 doigts, sont notées par les hiéroglyphes des parties de l'avant-bras, main comprise. La principale unité de poids est le *deben,* à peu près 90 grammes. Ces *poids* sont souvent de simples masses en pierre, mais certaines pièces, plus jolies, revêtent des formes d'animaux, telles que les *poids en forme de bouquetin* (E 11684). Ils sont parfois représentés sur les décors muraux, sur des balances ou parmi les piles d'offrandes représentant les tributs étrangers.

La mesure du temps dépend beaucoup, au départ, de l'observation des astres. L'exploitation de l'ombre du soleil amène à concevoir des appareils, dont certains ont pu être portables, tels que les cadrans solaires et les gnomons, ceux-ci équilibrés grâce à un fil à plomb. En régularisant un phénomène, on peut le faire servir à la mesure du temps : les horloges à eau, ou clepsydres, dont on peut voir un *fragment* (N 664), sont basées sur le même principe que le sablier.

7 Matériaux et techniques

Artistes et artisans

[Vitrine 1, contre le mur nord]

Deux œuvres sont mises en exergue dans la salle. D'une part, la *stèle d'Irtysen* (C 14), sur laquelle s'exprime un homme, Irtysen, qui loue ses qualités d'artiste et d'artisan. Il y vante à la fois son savoir-faire technique, qui s'étend dans différents domaines, et sa valeur artistique, qui lui permet de répondre à toutes les demandes de la société. Irtysen sait à la fois écrire, dessiner, fabriquer des matières de synthèse (sans doute de la « faïence »). Un tel document est des plus rares. Généralement, nous ignorons tout des hommes qui ont créé les plus belles œuvres égyptiennes. Il apparaît que, le plus souvent, ils étaient spécialisés, et les textes mentionnent des dessinateurs, des sculpteurs, des graveurs, des orfèvres, des batteurs d'or, des « fabricants de lapis-lazuli », avec les grades de chefs, d'inspecteurs…

D'autre part, une *statue d'Horus* en bronze (E 7703) accueille le visiteur, contre la cimaise centrale. Dans cette œuvre est réalisé le mélange de beauté formelle consacrée et de savoir-faire technique dont se targue Irtysen. C'est l'alliance des deux, relevée d'un rien de talent personnel, qui produisit les plus belles pièces de l'art égyptien. Le dieu Horus, les bras tendus devant lui, prend la posture de la lustration du roi, l'aspergeant du contenu d'un vase (aujourd'hui disparu). L'œuvre a perdu son revêtement originel, probablement un enduit doré, et sa perruque était sans doute incrustée de

Statue du dieu Horus

E 7703
Troisième Période intermédiaire
(1069-664 av. J.-C.)
Bronze
H. 95,5 cm ; Pr. 39 cm
Coll. Posno

faïences multicolores. Il reste que l'on peut apprécier la plastique des membres du dieu, dont les jointures sont maintenant visibles, et l'élégance de sa silhouette. Ce qui fut autrefois brillant et bariolé est aujourd'hui dénudé et austère. De même, les statues et les reliefs ont perdu la plupart de leurs couleurs. Il faut donc prendre garde, pour juger de l'art égyptien, à son aspect actuel.

Pour découvrir les métiers d'art égyptiens, le visiteur est incité à contempler d'abord une sélection d'œuvres, chaque vitrine étant consacrée à un matériau : le bois, la pierre, le métal, la céramique. Dans la seconde partie de la salle, le visiteur particulièrement intéressé découvre des œuvres qui mettent en évidence les processus de la création ou le développement d'un art.

[Vitrine 2]

Quelques réussites de l'art du métal sont exposées dans la vitrine 2. Des *statuettes divines* présentent, outre leurs lignes élégantes, un jeu de contraste entre les incrustations de fils d'or et une savante patine noire, spécialité égyptienne dont on ne connaît pas encore tous les secrets. La grande *situle d'Ousirour* (seau pour les aspersions des rites funéraires [N 908A]) illustre l'art du martelage, de la soudure et de la gravure. La scène principale, appropriée à la fonction de l'objet, est celle où le défunt, à genoux, s'abreuve de l'eau versée par la déesse Nout dans son sycomore, en présence de son âme, un oiseau à tête humaine. Sur un plateau sont regroupées de petites œuvres en bronze et en métal précieux, qui montrent la capacité à travailler dans des dimensions réduites. L'orfèvrerie est illustrée par le *pendentif du dieu à tête de bélier, Hérichef* (E 11074), en électrum (alliage d'or et d'argent) travaillé au repoussé et gravé. Les bijoux d'or sont souvent, en cloisonné, incrustés de pierres fines ou de verre, comme l'*oiseau à tête humaine* (AF 2227). Cette amulette représente l'âme d'un mort, qui a la faculté de s'échapper du tombeau le jour pour se promener sur terre à son gré.

[Vitrine3]

La vitrine 3 illustre les essences utilisées par les sculpteurs sur bois. Les plus courants sont l'acacia, le ficus, le karité ; on emploie aussi le tamaris et le jujubier. La difficulté de trouver de grosses pièces de bois dans ce pays pauvre en grands arbres explique la tendance à

Stèle de Hor, chef des fabricants d'arcs, représenté ici dans son atelier, une herminette à la main

C 259
Vers 1300 av. J.-C. (fin de la 18e-début de la 19e dynastie)
Calcaire
l. 36 cm ; H. 117 cm

composer des statues avec des morceaux rapportés, pour les bras, le socle, voire l'extrémité des pieds. Il arrive que deux bois différents entrent en composition dans la même œuvre, la surface étant souvent recouverte d'un enduit peint qui, de toute façon, masquait le support. Le cèdre importé du Liban et l'ébène d'Afrique, deux bois de qualité supérieure, étaient l'objet d'un commerce international organisé par le palais royal. Le *pied de meuble en forme de femme nue* (E 7652) date de l'époque où l'Égypte appartenait à un grand empire égypto-soudanais sous la houlette de rois « kouchites ».

[Vitrine 4]

La vitrine 4 est consacrée aux pierres utilisées par les sculpteurs. Le granite (toujours rose) et la diorite, deux roches hétérogènes à gros cristaux qui proviennent d'Assouan, sont représentées par les plus grandes statues. Elles sont employées le plus souvent dans les œuvres colossales destinées aux temples, comme le grand sphinx de la crypte des Arts (salle 1) ou les déesses Sekhmet de la salle 12. La beauté de cette pierre est mise en valeur par son poli, comme on le constate sur le *grand serviteur funéraire du roi Aménophis III* (N 467 et E 27488). Le grès constitue le sous-sol de la moitié sud du pays ; c'est en grès que furent construits et décorés les grands temples à partir du Nouvel Empire. Son aspect grenu – il s'agit de sable devenu pierre – ne se prête pas à trop de détails, ni ne permet le poli. Une variante du grès, silicifiée, plus dure, que l'on appelle communément quartzite, est appréciée aussi pour la petite statuaire, où sa texture satinée fait merveille. Le calcaire, la pierre la plus commune dans la moitié nord du pays, est plus facile à travailler et permet d'affiner les détails, comme dans le joli couple de *Néferhébef et sa famille* (A 57). Mieux que les autres pierres, elle se prête à l'application de couleurs, les Égyptiens recherchant les effets colorés plus que l'authenticité de l'aspect de la matière. Il existe de nombreuses pierres sombres, difficiles à distinguer pour l'œil profane, le gabbro, la grauwacke, la serpentine. Les montagnes du désert oriental contiennent des gisements siliceux qui offrent tous les chatoiements des calcédoines et des jaspes, utilisés aussi bien par les bijoutiers que par les sculpteurs.

Statue d'homme présentant une chapelle d'Osiris

Elle est demeurée au stade précédant celui du polissage.
E 8069
Vers 525-400 av. J.-C.
Grauwacke
l. 8,7 cm ; H. 41,5 cm ; Pr. 20,3 cm

[Vitrine 5]

La vitrine 5 montre l'art des potiers. La grande époque de la peinture sur vase, après la fin de la préhistoire, fut le Nouvel Empire. La *jarre au col en forme de papyrus* (E 11265) porte un envol d'oiseaux dans les marais tout à fait dans le même style que les peintures murales des palais contemporains. À cette époque également, on fabriqua des jolis vases moulés en forme de femmes ou d'animaux, à l'engobe rouge poli. La *femme se lamentant* (E 27247), une main à la tête, est un exemplaire exceptionnel de statue en terre cuite modelée ; elle représente sans doute la déesse Isis pleurant Osiris, son époux mort.

Commande de fenêtres cotée, sur un tesson de poterie

E 23554
Vers 1300-1200 av. J.-C. (fin de la 18e-début de la 19e dynastie)
Village de Deir el-Médineh
Terre cuite
l. 14,6 cm ; H. 16,4 cm
Don Weill

[Vitrine 6]

La vitrine 6 contient de beaux exemples de l'art de la céramique émaillée. Les Égyptiens fabriquaient une faïence siliceuse, connue dans le Proche-Orient et la vallée de l'Indus depuis la fin de la préhistoire. C'est une pâte à base de quartz dont la cuisson au four a provoqué la vitrification de la surface, ce qui donne une belle glaçure lisse. Les couleurs, les aspects plus ou moins brillants, plus ou moins fins, varient selon les époques. Au début, les faïences se cantonnent dans les couleurs bleues et vertes (oxydes de cuivre), rehaussées de décors en noir (de manganèse), comme on peut le voir sur un petit *canard* (E 10857). Au Nouvel Empire, le jaune, le rouge, le bleu au cobalt apparaissent, que l'on fait jouer avec du blanc, comme pour le *pot en forme de dieu Bès* (N 4469). Au premier millénaire, on préfère les pièces monochromes et un grain fin, parfois mat, qui met en valeur la finesse du moulage, telle cette *tête de la déesse Hathor* (un fragment de sistre, E 3668). Un haut *vase à lustration* (N 976) a subi une cuisson qui l'apparente presque à du verre ; ses taches brunes sont le résultat d'un incendie. C'est au Nouvel Empire (à partir de 1500 av. J.-C.) que le verre est introduit, venant du Proche-Orient ; la silice y est complètement fondue, grâce à une plus grande élévation de la température de cuisson. Il convient aux pièces d'incrustation, comme le *fragment de tête de faucon* en verre bleu (E 3096), ainsi qu'aux petits *flacons* qui n'étaient pas soufflés mais coulés autour d'un noyau qu'il fallait ensuite gratter. Les Égyptiens ont aussi modelé et moulé des petits objets en « bleu égyptien », un composé cristallin de synthèse, obtenu en chauffant ensemble de la silice, du cuivre et de la chaux, qui servait en outre de pigment pour la peinture. Faïence et bleu égyptien ont permis de fabriquer, tout au long de l'histoire égyptienne, des perles dont on composait des bijoux et des résilles admirables, pour parer aussi bien les coquettes que les momies. Les perles de la *résille* (N 3078) composent des motifs funéraires : scarabée, pilier d'Osiris, Anubis en chien noir.

[Vitrines 7 à 12]

Dans la seconde partie de la salle, le corridor central est réservé à la pierre (vitrine 7 et 8). Des *statues à différentes étapes de leur taille* y côtoient des *vases en pierre,* dont l'invention a précédé la statuaire, à la fin de la préhistoire. Des *modèles d'architecture* évoquent la place que la sculpture des chapiteaux et des colonnes tient dans l'architecture égyptienne. On y voit aussi d'authentiques *outils anciens,* maillets, ciseaux, fils à plomb, spatules. Ils servaient également à la taille des bas-reliefs, expliquée dans ses variantes et ses étapes.

Les outils et les réalisations des menuisiers et des sculpteurs sur bois sont exposés en vitrine 9. La vitrine 12, qui lui est symétrique, offre, outre des fragments qui mettent en évidence les procédés des bronziers, un choix d'œuvres martelées ou fondues, *armes, vases et éléments de mobilier.* Au fond de la salle, les vitrines 10 et 11 présentent des exemples variés de productions en terre cuite et en verre, ainsi qu'un panorama de l'art de la faïence siliceuse portant sur trois mille ans.

8 La maison et le mobilier

Les temples et les tombes étaient conçus pour être des monuments d'éternité : même s'ils ont subi les injures du temps, ils ont survécu, et, pour certains, dans un état de conservation remarquable. On ne peut en dire autant d'aucune maison. Les habitations étaient construites avec des matériaux périssables : brique crue, bois et éléments végétaux ; seules les huisseries et les colonnes étaient parfois en pierre, ainsi que certaines bases de murs constituées de moellons ; par ailleurs, elles étaient périodiquement reconstruites ; elles ont disparu, ne nous laissant, dans le meilleur des cas, que leur plan et les bases de leurs murs.

Modèle de maison

Moyen Empire
(v. 2033-1710 av. J.-C.)
Provenance inconnue
Calcaire
H. 24,5 cm ; l. 30 cm ; Pr. 27,5 cm

[Vitrine 3]

Bien entendu, l'aspect de la maison change avec le temps, l'environnement et aussi le niveau social de son occupant ; on comprendra donc qu'il est impossible d'en donner une vision globale, depuis la hutte primitive seulement décelable par des trous de poteaux ou des concentrations de briques fondues, jusqu'à la *maison d'époque tardive* qui ressemble à un petit immeuble (E 11886). Les plans et les objets conservés nous permettent de distinguer, comme dans la plupart des civilisations, des « villas », ceintes d'un mur, et des maisons citadines, voire des habitations ouvrières, jointives et bâties sur un plan uniforme, le long d'une rue.

Les fouilles urbaines nous livrent d'utiles renseignements sur la structure des villes et des maisons, mais n'apportent pas beaucoup de révélations sur leur agencement intérieur et leur mobilier : un des sites les plus fameux est celui de Deir el-Médineh, sur la rive occidentale de l'ancienne Thèbes, en face de Louxor, où des missions françaises ont fouillé le village des ouvriers de la tombe royale : un certain nombre d'objets exposés dans la salle proviennent de ce site, mais, paradoxalement, ont été, pour la plupart, découverts dans les sépultures entourant le village : celui-ci, plus exposé aux destructions, n'a pas conservé l'essentiel de son matériel.

On doit donc rechercher des compléments d'information dans les textes, mais aussi dans les représentations qui décorent les parois des temples et des tombes, qui nous montrent des habitations diverses avec leur décor, leur mobilier et leurs occupants en activité. Au Moyen Empire, on affectionne les maquettes en bois peint, équipées de personnages et d'animaux, mais ce sont surtout des bâtiments professionnels : ateliers, silos ou bureaux d'enregistrement.

Par ailleurs, nous possédons quelques modèles de maisons d'époques différentes, très difficiles à dater. Elles sont exposées dans la vitrine 3. La maison isolée est souvent entourée d'un mur qui délimite une cour *(modèle de maison du Moyen Empire)* ; il y a souvent au moins un étage supérieur et parfois plusieurs, comme dans ce *modèle de maison à trois niveaux* (E 5357). Elles n'ont bien sûr pas de toit, mais une terrasse à laquelle on accède par un escalier qui part de la cour. La terrasse et les fenêtres, plutôt étroites et à claire-voie, sont particulièrement bien adaptées à un pays à climat chaud et sec.

Le mobilier et les objets de la maison

[Vitrine 1]

Le mobilier est bien représenté dans la collection égyptienne du musée du Louvre, mais ces meubles ou éléments de meubles proviennent de sépultures ; cependant, il arrive que le caractère modeste du meuble et son aspect usagé nous donnent à penser qu'il s'agit d'un objet ayant réellement servi avant d'être déposé dans la tombe : c'est le cas de la *chaise* (E 14437) trouvée dans un petit cimetière (cimetière Est de Gournet Mourraï) jouxtant le village de Deir el-

Vue d'ensemble de la vitrine du mobilier.

Médineh (voir plus haut). C'est une chaise en bois paillée, datant de la 18e dynastie, qui ressemble tout à fait à nos chaises rustiques.

Les civilisations occidentales ont développé un mobilier imposant qui oblige l'homme à adopter des positions surélevées. Les Égyptiens anciens, comme beaucoup d'Orientaux encore de nos jours, vivent près du sol. Ils ne connaissent pas les armoires et usent de *coffres* et de *paniers* pour ranger les objets. Les aliments sont conservés dans des *poteries.* Ils ne se mettent pas à table pour manger, avec des couverts, dans des assiettes, mais puisent avec la main dans les récipients placés à côté d'eux, parfois sur une sellette. Cependant, on l'a vu, les chaises existent, et ne sont pas uniquement l'apanage du mort distingué, tel qu'on le voit dans les représentations funéraires, mais on leur préfère bien souvent les *tabourets bas,* ou bien on s'assoit directement sur le sol recouvert d'une *natte* (N 881).

Pour des raisons pratiques, nous avons dû regrouper dans une même vitrine des œuvres qui ne sont pas de même qualité. À côté des accessoires modestes, on pourra contempler un mobilier de gens aisés. La *chaise du noble* (N 2950) a des incrustations en ivoire, des pieds en forme de pattes de lion et sa fabrication soignée relève du travail d'ébéniste. Le *tabouret* de bois et de cuir (ce matériau a disparu) est léger, *pliant* (E 14002). Les coffrets, qui renferment des objets précieux ou fragiles – bijoux, accessoires de toilette, papyrus ou, quand il s'agit du mort, divers objets funéraires – sont d'une facture soignée, tel ce *coffret de roseau et de papyrus* (E 11896), décoré de motifs végétaux et géométriques. Les coffrets possèdent d'ailleurs souvent deux petits boutons, sur le couvercle et la face avant, qui permettent de les fermer avec une cordelette scellée et donc de protéger leur contenu (N 2635). Un *coffre* (N 2945) plus élaboré est cloisonné en plusieurs logements et se ferme avec des targettes coulissant dans des anneaux de métal.

Quelques accessoires complètent ce mobilier, tel ce *balai en fibres de palmier* (E 16414) trouvé dans le même cimetière que la chaise rustique.

L'éclairage ordinaire est fourni par une mèche de lin trempant dans l'huile ou la graisse d'une simple *coupelle* (E 14571). Le feu est produit par un *bâtonnet* que l'on fait pivoter rapidement avec les paumes des mains dans les cavités d'un *soclet de bois* (E 14515).

[Vitrine 2]

La conception de cette grande vitrine répond à une «politique» qui a été mise en œuvre dans la plupart des nouvelles salles du département égyptien : offrir au visiteur peu pressé et curieux, ou au spécialiste, un matériel d'étude qui apporte des informations détaillées sur telle ou telle catégorie d'objets, représentée par ailleurs dans les vitrines de sélection par des œuvres remarquables mais isolées.

Une large place est faite à la poterie de différentes époques, matière prédominante des récipients dans lesquels sont stockées toutes sortes de denrées, liquides ou solides, destinées aussi bien à l'alimentation qu'aux soins du corps. Les Égyptiens, qui utilisaient la pierre, les métaux et des matières précieuses pour les objets de luxe, se sont rarement préoccupés de donner à leur poterie usuelle une grande qualité artistique (à la différence des Grecs, plus tard) : les plus beaux exemplaires sont ceux des époques anciennes (protohistoire et Ancien Empire). Au Nouvel Empire, on fabrique une jolie poterie, peinte de motifs le plus souvent floraux, reconnaissable à sa couleur principale bleu pastel. Mais on ne décore pas systématiquement les vases en terre cuite. Paradoxalement, la poterie soudanaise, surtout celle de la culture *Kerma* (se reporter au chapitre concernant le palier de l'escalier du Midi), est bien plus belle que la poterie égyptienne. De nombreuses formes de toutes les époques sont représentées, que nous ne détaillerons pas dans ce guide : grandes *amphores* scellées par un bouchon de terre crue, découvertes à Abydos, cruches à anses, flacons, bols, coupes, supports de vases... Des *jarres à vin* portent sur la panse l'indication de la date et du vignoble (E 30239). Certains de ces récipients nous sont parvenus avec leur contenu intact ; celui-ci était efficacement protégé par un bouchon recouvert d'une étoffe maintenue au niveau du col par une ficelle scellée. La plupart de ces vases sont de fabrication locale, mais certains, datant de la 18e dynastie, sont des importations de Syrie *(bouteilles cananéennes)* ou de Chypre *(bilbil)*.

On pourra également contempler une riche collection de paniers ; certains, qui sont munis de patins de bois, sont plus propres au stockage qu'au transport. Le mobilier est représenté aussi par des *coffrets,* des *tabourets* et divers *éléments de meubles* intéressants pour leur technique ou leur décor. Un lit funéraire est exposé plus loin, dans la salle de la momie (salle 15). Le petit *modèle de lit* (N 880), montré ici, illustre bien la forme de ce meuble, légèrement incurvé et à pieds courts ; les représentations et les hiéroglyphes prouvent que le dosseret que l'on voit à l'arrière constitue l'appuie-pieds et non la tête du lit. Il est peu vraisemblable que les habitants du Nil aient tous disposé d'un meuble de ce genre. Les paysans devaient dormir à même le sol, sur une natte. Les appuie-tête, ou chevets, sont souvent faits de pièces rapportées et chevillées : la forme prédominante est celle d'un arc soutenant la tête et séparé du socle par une colonnette, mais on trouve plus rarement des chevets très simples en forme de petits tabourets ou des chevets pliants. Dans la collection du Louvre, les chevets les plus anciens sont généralement en calcaire ou en albâtre ; ceux du Nouvel Empire sont pour la plupart en bois. À vrai dire, ce ne sont guère des objets usuels. Le *chevet de Ptahmès* (E 14692) porte une formule destinée à protéger magiquement la tête du défunt dans l'au-delà. Si la plupart des objets que nous possédons étaient placés sous le cou et les pieds des momies, ils sont cependant utilisés dans la vie courante. Cette pratique est encore en usage dans certains pays d'Afrique, notamment l'Éthiopie. Une sculpture représente une jeune femme couchée allaitant un enfant ; le motif ovale sous sa tête représente peut-être cet objet (E 11764). Une *figurine de terre cuite* (E 22456) montre une femme couchée sur le côté, la tête reposant sur le chevet, position plus conforme à la réalité, car en se calant sur l'épaule, on évite les douleurs musculaires ou cervicales.

Vase scellé avec support en étoffe tressée

E 16457
Nouvel Empire
(v. 1550-1069 av. J.-C.)
Gournet Mourraï ou Deir el-Médineh
Terre cuite beige rosé peinte
H. 12,8 cm ; Diam. 13,3 cm

Chevet de Ptahmès

E 14692
18e dynastie (v. 1550-1295 av. J.-C.)
Provenance inconnue
Bois
H. 18 cm ; l. 29 cm ; Pr. 8,2 cm.
Achat

Pelisse

E 14500
Règne d'Hatchepsout et de Thoutmosis III
(v. 1480-1460 av. J.-C.)
Gournet Mourraï, tombe de Madja
Lin
H. 55 cm ; L. 130 cm

Les meubles le plus soignés étaient décorés de figurations se combinant avec la forme de l'objet : sous l'arc du *chevet*, on sculpte parfois des mains (E 13853) ; la forme du lit, de la chaise ou du tabouret se prête à une association avec le corps du lion, dont on garde au moins la tête et les pattes. Mais d'autres thèmes iconographiques sont en usage : les têtes d'Africains ou celle du dieu Bès, divinité protectrice du foyer, bénéfique bien que grotesque, avec sa face léonine et sa langue pendante.

Des objets variés, rattachés au mobilier, complètent la vision que l'on peut avoir de l'habitation égyptienne : *balais, éventails, cannes et bâtons, étoffes, sandales*. On remarquera une *pelisse à mèches* (E 14500) destinée à être suspendue ou accrochée : on n'a encore aucune certitude sur son usage, tenture ou selle d'âne.

Les portes des maisons, les naos des temples, mais aussi les coffres étaient fermés au moyen de *targettes* coulissant dans des anneaux de métal ; il existait aussi des *loquets* dont nous ne possédons pas d'exemplaires hélas ! bien complets.

9 La parure

BIJOUX, VÊTEMENTS ET SOINS DE BEAUTÉ

Dans un pays aussi ensoleillé que l'Égypte, le costume est d'une extrême simplicité : pagne de lin pour les hommes, étroite robe à bretelles pour les femmes, diadèmes de fleurs et de feuillages, bracelets et pendentifs pour les deux sexes ; les enfants vont nus. Mais, dès l'époque des pyramides, les membres de la bonne société cèdent aux caprices de la mode et se parent de lourdes perruques, adoptent la superposition de vêtements plissés ainsi que les bijoux précieux, présentés chronologiquement dans trois vitrines.

[Vitrine 5]

Aux époques prédynastique et thinite, on se plaît à porter de nombreux *bracelets* en grauwacke ou en coquillage (E 13921, E 13922 ; E 13923 à E 13927), des colliers de pierres colorées, ainsi que des amulettes de serpentine noire ou de cornaline rouge figurant une *tête de taureau* (AF 6903, E 27419).

À l'Ancien Empire apparaissent les *grosses perles rondes en cornaline* (E 25216) et les colliers larges de type ousekh, le plus souvent constitués d'éléments de faïence, comme substituts de la turquoise et du lapis-lazuli, des pierres hautement prisées mais rares. Un *collier ousekh* (E 17284), dont certaines perles ont la forme d'un coléoptère stylisé, provient des fouilles de Dara.

Les orfèvres du Moyen Empire trouvent également leur inspiration dans le monde animal, façonnent des *perles d'or en forme de coquillages* (E 4978), ou de *tête de léopard* (E 11277, AF 2304, AF 2309). L'améthyste est alors particulièrement appréciée de même que l'argent, auquel on accorde alors une valeur supérieure à l'or, naturellement abondant en Égypte. Un *serpent uræus* (E 22862), exécuté en filigrane d'argent, illustre l'excellente technique des bijoutiers du Moyen Empire, où leur art atteint son apogée. C'est alors que se multiplient les bagues à chaton pivotant ; la plupart ont la forme d'un scarabée. Leur revers est gravé d'inscriptions dont beaucoup comportent des noms propres. La *bague d'Horbès* (E 3704) se distingue par la forme de son chaton rectangulaire en cornaline et par son décor qui met en scène le pharaon Amenemhat III.

Uræus d'argent

E 22862
Moyen Empire
(v. 2033-1710 av. J.-C.)
Argent ? électrum ?
H. 9,1 cm ; l. 4,6 cm ; Ép. 0,2 cm
Coll. Atherton, Louise et Ingeborg Curtis

[Vitrine 6]

Au Nouvel Empire, lorsque les métaux précieux affluent des pays conquis, les tombes inviolées livrent des ensembles éblouissants dont le plus fameux est celui de Toutânkhamon. La partie centrale de la vitrine, consacrée à cette période, rassemble une sélection des chefs-d'œuvre de l'époque. Suspendus à des chaînes-colonnes en or, de délicats *poissons* et des *fleurs de lotus* (N 1851, N 1852) perpétuent les modèles d'inspiration naturaliste dont le thème est repris par des perles provenant de colliers aujourd'hui démembrés : lézards, poissons, palmettes végétales... La lourde *bague-sceau au nom du pharaon Horemheb* (N 747) contraste par son faste avec la délicate *bague « au lotus* » (E 4887) aux pétales incrustés de turquoise et de lapis-lazuli selon la technique du cloisonné dans laquelle les Égyptiens excellent. C'est également en cloisonné que sont exécutés *deux bracelets ajourés* (N 1957, N 1958) décorés de palmettes et de griffons, animal fabuleux. Une *paire de boucles d'oreilles* (N 1855), qui associe plusieurs tubes d'or soudés, témoigne de cette nouvelle parure, inconnue jusqu'alors en Égypte et dont l'usage est emprunté au Proche-Orient. De part et d'autre de ces œuvres majeures se déploie la riche collection de colliers, pendentifs et bagues ; les thèmes, variés, puisent aussi bien dans un répertoire naturaliste que symbolique et religieux. Certains bijoux portent le nom de personnages célèbres : *perles au nom d'Aménophis III* (E 10860) ou de *Ramsès II* (E 5105), *bague de la reine Tiy* (E 64) ou *de Néfertiti* (E 7688). Si de nombreux bijoux sont exécutés dans des métaux précieux et des pierres fines, on remarquera l'usage très fréquent de la faïence colorée, en particulier pour la série de ravissantes bagues ajourées datant de la 18e dynastie.

[Vitrine 7]

Au centre de la vitrine consacrée au Ier millénaire av. J.-C., on admirera le *collier au nom du roi prêtre Pinedjem,* dont le nom est inscrit dans un cadre d'or rectangulaire. Les multiples chaînettes d'anneaux d'or, terminées par des clochettes en forme de lotus sont propres à la Troisième Période intermédiaire et rappellent les bijoux de la nécropole royale de Tanis. La riche série des *chevalières* d'époque saïte illustre un type de bague qui apparaît à cette époque : elles portent les noms et les titres de leurs propriétaires, hauts fonctionnaires et grands prêtres. En bas, deux *colliers* sont caractéristiques de l'orfèvrerie ptolémaïque où domine l'influence hellénistique (E 27176). De part et d'autre, *deux fermoirs de collier* reproduisent l'image des bateaux qui, à l'époque, sillonnaient la Méditerranée ; ils sont cependant complétés par un décor égyptien : têtes de canard à la poupe, colonnettes papyriformes pour la cabine, zigzags évoquant l'eau (E 10687). Dans la partie consacrée aux amulettes divines, on admirera particulièrement un fragment de *collier d'argent* (E 17235) provenant du Delta et figurant le dieu Harpocrate (Horus l'Enfant), nu et portant un doigt à la bouche.

Collier de Pinedjem ou *planche avec plusieurs bijoux d'or*

E 25412
21e dynastie, Pinedjem Ier
(1044-1026 av. J.-C.)
Or et lapis-lazuli
L. 60 cm

On retrouve l'image de ce dernier sur une *bague* (E 3877), placée à proximité d'une autre, qui représente la *déesse Neith,* patronne du Delta (E 3878).

[Vitrine 4]

La grande vitrine du fond présente quelques éléments du costume dont peu d'exemples sont conservés. Tissée dans une fine étoffe de lin, la *tunique* (N 1297) est faite d'une seule pièce repliée, percée en haut d'une encolure et cousue de chaque côté jusqu'aux emmanchures. Plusieurs paires de *sandales* en cuir et en papyrus appartiennent au type le plus courant : une simple semelle maintenue au pied par une lanière passant entre le pouce et le second orteil. Des cannes en bois et un *manche de chasse-mouches* (N 1512) complètent la toilette.

L'autre série de vitrines murales rassemble les objets utilisés pour les soins du corps. Pour combattre la sécheresse du climat et la poussière, l'Égyptien a recours à de nombreuses crèmes et onguents, à base d'huiles végétales ou de graisses animales. On s'épile et se rase soigneusement, confiant parfois ce soin à un barbier. Un trait de fard noir, à base de galène, souligne le contour de l'œil et protège des ophtalmies. Les élégantes rehaussent leur teint de poudre d'ocre. Des parfums extraits d'essences florales (lotus, lys) et d'aromates exotiques (encens, myrrhe) chassent les miasmes et les mauvaises odeurs environnantes. Hommes et femmes connaissent la teinture au henné, appliquée sur les cheveux et les ongles, que les hauts personnages aiment à se faire manucurer.

[Vitrine 1]

Autour de l'image d'une *élégante du Nouvel Empire* (N 848), on admirera une sélection d'objets de toilette d'un extrême raffinement. Un beau *miroir de cuivre* au disque autrefois poli est supporté par une jeune fille soutenant une large ombelle de papyrus (E 3745). Un *peigne* d'acacia est surmonté d'un bouquetin à la silhouette élégante (N 1359). Éléments indispensables à la coiffure, les épingles à cheveux sont sculptées dans le bois ou l'ivoire, et parfois ornées d'un motif animalier comme la belle *épingle au cobra* (N 1715/7). Tout autour se déploie l'ensemble des peignes et des miroirs ainsi que quelques rasoirs.

Peigne au bouquetin

N 1359
18e dynastie (v. 1550-1295 av. J.-C.)
Bois
L. 6,6 cm ; l. 5, 6 cm
Coll. Salt

Bas-relief du lirinon

E 11162
18e dynastie (époque saïte ?)
Calcaire
H. 25,8 cm ; l. 37 cm ; Ép. 4 cm
Coll. Casira

[Vitrine 2]

Parfums et cosmétiques sont conservés dans de petits pots exécutés dans un matériau précieux, en général de l'albâtre, ou bien ornés d'un décor raffiné. Parmi les plus exceptionnels, un *minuscule pot de faïence ajourée* (N 1362), reposant sur un support, est décoré d'une frise d'animaux – chat, serpent, lion – et d'un dieu Bès. On remarquera également la série des étuis à kohol, encore munis du bâtonnet qui sert à étendre le fard : certains, en verre coloré, ont la forme d'une colonnette couronnée de palmes ; d'autres, généralement en faïence, figurent le dieu Bès, génie familier à mufle de lion et aux jambes torses. Un *bas-relief* (E 11162) montrant la fabrication de l'essence de lys domine la vitrine qui leur est consacrée. De style archaïsant, la scène s'inspire du décor des mastabas de l'Ancien Empire, mais son thème et le costume des personnages sont caractéristiques de la Basse Époque (664-332 av. J.-C.). Deux jeunes filles tordent un sac rempli de fleurs de lys, d'où s'échappent des flots d'extrait, recueillis dans une jarre. Une troisième apporte un panier plein de fleurs vers ce pressoir rustique.

[Vitrine 3]

La collection du Louvre est l'une des plus riches dans le domaine des *cuillers à fard,* pour la plupart délicatement sculptées dans du bois. Elles datent du Nouvel Empire et proviennent principalement de la région de Memphis, où, récemment, les archéologues en ont retrouvé dans des tombes privées. Toutes sont munies d'un réceptacle qui ne pouvait contenir qu'un produit solidifié, fard ou onguent. Les plus connues appartiennent au type dit « *à la nageuse* », dont un exemplaire remarquable est placé au centre de la vitrine (N 1725A). Une jeune fille nue, dont la beauté est mise en valeur par un large collier et une ceinture de perles, pousse devant elle un canard. Les ailes de l'oiseau pivotent et

Cuiller à la nageuse

N 1725A
18e dynastie (Aménophis III ?)
Tamaris, buis
L. 33 cm ; l. 6,7 cm
Coll. Gastard

forment le couvercle d'une cavité creusée dans le corps. L'œil du volatile est incrusté d'ivoire, la perruque et les yeux de la nageuse sont rehaussés de peinture noire. D'autres cuillers, ajourées celles-là, figurent aussi des personnages. Ainsi, une gracieuse *jeune fille cueille des fleurs de lotus dans les marais* (N 1750) ; une autre, aux vives couleurs, porte une lourde cruche sur son épaule (E 8025 *bis*) ; *deux serviteurs* sont figurés dans la même attitude : l'un est un *Syrien,* reconnaissable à sa courte barbe et à sa longue jupe enroulée bordée d'une frange (N 1738) ; l'autre est un *Africain* ployant sous sa charge (N 1735). Plus rares, quelques cuillers interprètent avec bonheur des thèmes végétaux et animaux, comme cet *ibex* (E 11124) prêt à être sacrifié, couché sur le flanc et les pattes liées.

10 Les loisirs

LA MUSIQUE ET LES JEUX

[Vitrine 1]

Une vitrine centrale réunit les instruments de musique les plus spectaculaires : une *grande harpe angulaire* (N 1441), encore revêtue de peau verte ornée de découpages roses, et dont les nombreuses cordes témoignent de l'étendue de la gamme musicale ; de taille plus modeste, *deux harpes cintrées* du Nouvel Empire (E 116A et N 1440B), qui étaient portées sur l'épaule ; une *lyre* (E 14470), découverte dans une tombe de Deir el-Médineh et dont l'échancrure porte les traces des doigts du musicien ; un *tambour « en barillet »* (N 1442), encore muni de sa corde de suspension, et l'*armature d'un tambourin* (N 1445) ; *trois sistres* (E 11201, E 679, E 678) de métal, hochets musicaux que l'on agitait pour honorer les dieux ; *deux hautbois et leur étui* (N 1447A et B, N 1446) portant l'image d'une musicienne ; des *castagnettes* (E 22282A et B) en ivoire, utilisées pour rythmer les chants. En face, un petit salon de musique met en scène des musiciens, interprétés dans les matériaux les plus divers.

[Vitrines 2, 3, 4, 5, 6]

Dans la vitrine 4, consacrée aux sistres, on remarquera l'*effigie de la déesse Bastet* à tête de chat (AF 325) ; dans celle présentant les instruments à cordes (vitrine 5), on admirera la *belle stèle du harpiste* (N 3657), figurant un prêtre qui chante un hymne au soleil en s'accompagnant à la harpe. *La peinture aux musiciennes* (D 60), provenant d'une tombe thébaine, illustre avec grâce les petits orchestres féminins qui accompagnaient les banquets funéraires. Parmi les *castagnettes* exposées (vitrine 6), le plus bel exemplaire, terminé par une main, possède un décor délicatement gravé évoquant des manches brodées (E 10827). D'autres représentations sont particulièrement remarquables, valant par leur humour, tel le *petit dieu Bès jouant du tambourin* (vitrine 3 [E 32435]), ou par la délicatesse de leurs traits, comme la *joueuse de luth* (E 22554) peinte sur une coupe bleue (vitrine 2).

Comme dans toutes les sociétés anciennes, les moments de détente sont consacrés à des distractions encore pratiquées aujourd'hui : poupées, toupies, animaux articulés pour les petits ; jeux d'adresse et de balles pour les enfants, exercices plus sportifs pour les adolescents. Les familles se rassemblent au bord du fleuve ou d'un canal, pour pêcher, chasser, se baigner, se promener en barque. Les pêcheurs se livrent à l'occasion à des joutes nautiques, au cours desquelles on tente de jeter à l'eau l'équipe adverse. Il arriva que le roi Khéops lui-même, s'ennuyant dans son palais, se fasse promener en barque par un équipage de jolies rameuses.

[Vitrine 7]

Outre ces activités de plein air, les Égyptiens s'adonnent avec passion aux jeux de société sur damier. Le mieux connu, attesté dès les premières dynasties, est un *jeu de trente cases,* que l'on appelait le « jeu de sénet ». Il se joue à deux, avec deux séries de pions, que chacun des joueurs fait avancer sur un circuit en S de trois fois dix cases. L'avancée est déterminée par un lancer de *baguettes* ou d'*osselets* qui faisaient office de *dés*, et par le passage par des cases pièges ou bénéfiques, les cinq dernières étant les plus cruciales. Il s'agit de bloquer ou de faire reculer l'adversaire, le gagnant étant celui qui, le premier, fait sortir tous ses pions du plateau, comme au jeu de l'oie ou à celui des petits chevaux. Dans les conceptions funéraires du Nouvel Empire (v. 1550-1069 av. J.-C.), la réussite à ce jeu très populaire était devenue un symbole de victoire sur la mort :

Boîte de jeu au nom d'Imenmès

E 2710
Fin de la 18e dynastie ou début de la 19e dynastie (v. 1300 av. J.-C.)
Bois
L. 36 cm ; l. 12 cm ; H. 7 cm
Les pions proviennent d'autres boîtes de jeu.
Coll. Clot bey

on représente alors le joueur devant un adversaire invisible, comme sur le côté de la *boîte d'Imenmès* (E 2710), le personnage figuré debout n'étant qu'un serviteur qui lui apporte à boire.

Cette boîte porte sur son autre face le damier du jeu « des vingt cases », importé du Proche-Orient. Chaque joueur devait introduire progressivement cinq pions sur la bande centrale du circuit. Comme au sénet, bien qu'on connaisse moins bien les règles, certaines cases étaient favorables ou défavorables.

[Vitrine 8]

À la fin de la préhistoire et à l'Ancien Empire (IVe et IIIe millénaires av. J.-C.), les Égyptiens ont joué au *jeu du serpent* (E 29891), dont la table représente un reptile enroulé sur lui-même, le corps strié de cases en creux et en relief. La règle n'en est pas connue. Il fallait utiliser des *billes de pierre* (E 11441) et des *pions d'ivoire en forme de lions* (E 16667 à E 16670). Placés sur le circuit, les lions recouvraient plusieurs cases, peut-être pour « dévorer » les billes de l'adversaire.

Trois baguettes de jeu

E 3674, E 3675, E 3676
Nouvel Empire
(v. 1550-1069 av. J.-C.)
Os
L. 18 cm
Don Tyszkiewicz

Plateau de jeu des cinquante-huit trous, en forme d'hippopotame

N 3043
Basse Époque (664-332 av. J.-C.)
Faïence siliceuse avec incrustations de verre
L. 21,5 cm ; l. 18 cm ; H. 7,4 cm

Trois fiches à tête de canidé pour le jeu des cinquante-huit trous

N 4265
Bois
l. 3,3 cm ; H. 16,7 cm

Il est plus facile de reconstituer les règles du jeu « des cinquante-huit trous », qui remonte au Moyen Empire (v. 2000 av. J.-C.). Son plateau est percé de deux circuits symétriques de vingt-neuf trous, dans lesquels chaque joueur fait avancer séparément sa série de fiches après un lancer d'osselets. Les fiches sont le plus souvent terminées en tête de chien aux oreilles rabattues ou dressées, d'où le nom moderne de « jeu du chien et du chacal ». Les trous n°s 10 et 20 entraînaient des retours en arrière, les trous n°s 15 et 25 donnaient des tours supplémentaires. On a retrouvé des plateaux pour ce jeu dans tout le Moyen-Orient. Le *plateau de jeu des cinquante-huit trous* (N 3043) est unique en son genre : il emprunte la forme d'un hippopotame – dont la gueule est malheureusement cassée – en faïence bleu clair aux incrustations raffinées.

11 Le parvis du temple

L'ALLÉE DES SPHINX

À l'angle des deux salles, un sphinx nous accueille et signifie que nous pénétrons dans l'espace réservé à l'évocation du parvis du temple. De taille colossale, en granite rose, il rappelle ici, par sa position frontale, le plus célèbre des sphinx d'Égypte, qui longe la voie d'accès de la pyramide de Khéphren sur le plateau de Giza. C'est le plus célèbre et sans doute le premier des sphinx connus. En réalité, les autres sphinx qui précèdent les entrées des temples sont toujours disposés par paire, tournés l'un vers l'autre. C'était le cas du *sphinx* (A 21) provenant de Tanis dans le Delta, qui a son pendant conservé aujourd'hui au musée du Caire. Composé d'un corps de lion et d'une tête humaine, le sphinx reproduit l'image divine du pharaon par excellence, selon l'égyptien *chesep-ankh,* « image vivante » (devenu « sphinx » en grec). C'est pourquoi les traits du visage représentent bien un portrait royal, coiffé du némès et doté d'une barbe dans la tradition. Les caractères stylistiques permettent d'identifier un pharaon de la fin du Moyen Empire, de la 13e dynastie, même si Ramsès II et son fils Mérenptah, en l'usurpant, firent

Sphinx

A 21
Tanis
Granite rose
H. 170 cm ; L. 322 cm
Coll. Salt

graver leurs noms dans des cartouches monumentaux, quatre cents ans plus tard, à la 19e dynastie.

La majesté de l'attitude et la stylisation du corps de l'animal donnent une impression de vigueur impitoyable, destinée à protéger des ennemis éventuels l'aire sacrée du temple.

Dans l'axe du grand sphinx est présentée une *tête de roi* colossale (E 26097), en diorite, coiffée d'un némès lisse. La retombée horizontale du catogan, à l'arrière, montre que cette tête appartenait à l'origine à une statue de sphinx. On l'attribue à Amasis (570-526 av. J.-C.), dernier roi de la 26e dynastie, car elle fut trouvée avec une plaquette d'albâtre inscrite à son nom (voir la vitrine voisine des dépôts de fondation). Or, les traits du visage confirment bien cette attribution : la forme des sourcils, les yeux écartés, l'expression sereine, enfin, l'articulation des différentes parties du visage.

Protéger la divinité qui résidait dans son temple est donc le but de toute avenue bordée de sphinx rangés

Dépôt de fondation

E 15374 à E 15381
Règne de Ptolémée III
(246-222 av. J.-C.)
Médamoud
Granite, cornaline, faïence
Don de l'Égypte en partage de fouilles

en lignes, comme celle qui annonçait le Sérapéum de Memphis, et qui est présentée ici de façon simplifiée sur une seule rangée. Les *sphinx* (N 491 A à F) ont été façonnés en calcaire, sous le règne de Nectanébo Ier (378-361 av. J.-C.) de la 30e et dernière dynastie indigène. Mais des traces d'ocre rouge montrent qu'ils étaient peints pour évoquer une roche dure, les yeux étaient incrustés et les uræus rapportés. Les graffiti gravés sur les retombées de la coiffure et sur le poitrail de l'animal présentent des noms propres laissés par les visiteurs antiques de nationalité grecque. C'est l'archéologue Auguste Mariette qui, en 1850, eut le bonheur, en trouvant l'un de ces sphinx qui émergeait des sables dans le désert de Saqqara, de mettre au jour la formidable nécropole souterraine où chaque taureau sacré, incarnant le dieu Apis, recevait une sépulture à l'égal d'un roi.

Sphinx

N 391A à F
Provenant de l'allée menant au Sérapéum de Memphis.
4e ou 3e siècle av. J.-C.
Calcaire avec restes de polychromie
H. de 71 à 74 cm ; L. 130 cm
Don de l'Égypte en partage de fouilles

Les *lions* (N 432) qui encadraient l'entrée présentent la forme originale du félin au repos, à l'instar des modèles créés par l'ancêtre Aménophis III (v. 1391-1353 av. J.-C.). Juste retour des choses, puisque c'est ce roi de la 18e dynastie qui semble avoir donné une nouvelle ampleur au culte du taureau Apis à Saqqara. Le réalisme langoureux de l'animal, le traitement anatomique précis, copiant les modèles plus anciens, attestent bien les prouesses de l'art animalier en Égypte.

Au IVe siècle, le taureau est devenu une divinité nationale. Sur le piédestal de l'un des lions fut retrouvée une *stèle* (C 318) de « donation » du roi Nectanébo Ier au dieu Khonsou, offerte par un prophète d'Amon du nom de Nâes. Au deuxième registre, on voit le roi coiffé du casque bleu, élevant le symbole des donations foncières faites aux dieux de Tanis.

Devant les porches monumentaux des temples étaient érigés des *obélisques*. Ces aiguilles de pierre monolithiques rappelaient l'importance du culte solaire, tels de véritables rayons de lumière pétrifiés au contact de la terre. Les *quatre cynocéphales* (D 31) en granite rose appartenaient au piédestal de l'obélisque laissé à Louxor, « frère » de celui de la place de la Concorde. Dressés sur leurs pattes arrière et dirigés vers l'est et l'ouest, les bras levés vers le ciel, les singes adorent le soleil. Les grognements naturels des cynocéphales avaient été interprétés par les Égyptiens comme autant d'acclamations en l'honneur du lever et du coucher du soleil, c'est pourquoi ils ornent la base des obélisques. Mais l'on raconte que, offerts par Méhémet-Ali en même temps que l'obélisque de la Concorde, les singes furent relégués à l'abri du Louvre par pudeur envers leur sexe arrogant !

Singes de la base de l'obélisque de Louxor

D 31
Granite rose
H. 159 cm ; L. 325 cm
Don de l'Égypte, par Méhémet-Ali

[Vitrine 1. Revenir sur ses pas, devant l'embrasure de la fenêtre]

À côté des monuments protecteurs déposés sur le parvis du temple, chaque construction sacrée recevait un ou plusieurs dépôts de fondation composés d'objets et de matériaux symboliques. À l'abri des regards, ils étaient généralement situés sous les angles du temple, enfouis par le roi constructeur lors de cérémonies rituelles.

Le pharaon, responsable de toute création à la suite des dieux, stabilise la fondation avec les richesses que recèle la terre : c'est pourquoi le dépôt rassemble les métaux (*dépôts de Médamoud et de Tanis*), les pierres fines, la terre crue et les produits manufacturés comme le verre et la faïence.

Le pharaon, grand prêtre aussi par nature, est celui qui apporte en premier les nourritures nécessaires à la vie et les offrandes du temple. Le choix des *simulacres de vaisselle* rappelle autant la diversité des nourritures que leur abondance (dépôt de Saï).

Enfin, le pharaon, grand architecte, est celui qui accomplit le tracé du temple, aussi les outils rappellent-ils toutes ses actions rituelles : modèles d'*herminettes, houes, balanciers,* et *meules* en terre ou en bois (dépôts de Deir el-Bahari et de Saï).

Les dépôts de fondation conservés au Louvre sont très divers par leur époque – ceux de la reine Hatchepsout et Thoutmosis III (v. 1479-1475 av. J.-C.) ont été rassemblés douze siècles avant ceux des souverains Ptolémée III et IV (v. 246-205 av. J.-C.). Ils proviennent de sites très éloignés les uns des autres : de l'île de Saï au Soudan, du célèbre temple de Deir el-Bahari à Thèbes, de Médamoud en Haute-Égypte et, enfin, de Tanis, situé dans le Delta. Cela met clairement en évidence la pérennité des rites qui entourent toute construction pharaonique.

12 Le temple

Les monuments rassemblés dans la galerie Henri-IV ont un point commun, ils proviennent tous d'un temple. De plus, ils représentent toutes les périodes de l'histoire pharaonique, de l'Ancien Empire à l'époque ptolémaïque, et un grand nombre de sites dispersés le long de la vallée du Nil. Leur agencement aujourd'hui permet d'évoquer la structure et la fonction du temple, ainsi que les cérémonies qui s'y déroulaient. C'est la demeure du dieu, le lieu où réside sa statue, et tout s'organise à partir de cela.

Dans la première cour, on est accueilli par les images colossales de pharaon.

La *tête de granite rose* (A 19), ainsi que le *socle* posé à ses pieds (A 18) appartiennent à des statues d'Aménophis III qui étaient dressées dans la cour de son temple de Kom

Tête d'Aménophis III

A 19
18e dynastie
Thèbes ouest, Kom el-Hettan
Granite
H. 198 cm

Détail du socle d'un colosse d'Aménophis III

A 18
18e dynastie
Thèbes ouest, Kom el-Hettan
Granite
H. 157 cm ; Pr. 225 cm

el-Hettan à Thèbes, dont les célèbres colosses de Memnon gardent la mémoire. Coiffé de la couronne blanche, le roi est reconnaissable par les yeux en amande cernés de bandes de fard, le visage rond et les lèvres ourlées. Les pieds gigantesques de la statue, qui était en position debout, foulent les noms des pays nubiens, gravés finement, chacun étant encerclé dans une forteresse animée de bras liés en signe de soumission.

Le *colosse* de grès de Séthi II (A 24) était placé à l'entrée du reposoir du roi érigé dans la première cour du sanctuaire d'Amon à Karnak. La seconde statue située en symétrie est conservée aujourd'hui au musée égyptien de Turin. Elle indique, par analogie, que la coiffure réunissait le pschent (deux couronnes, rouge et blanche, emboîtées l'une dans l'autre) et les cornes du bélier d'Amon. Doté d'un pagne plissé très orné, le roi tient une enseigne fragmentaire qui indiquerait un culte rendu à son « âme ».

Colosse de Séthi II

A 24
19e dynastie
Provenant de la première cour de Karnak.
Grès
H. 465 cm

Les deux autres statues royales proviennent de Tanis, dans le Delta. La première, en granite rose, à droite, est au nom de Khâneferrê Sébekhotep IV, le roi le plus représenté à la 13e dynastie (salle 23). Celle-ci, de facture académique, montre une physionomie sans ride et lisse, aux proportions élancées. Son pendant, conservé au Caire, permet de rétablir la fin de la dédicace au dieu Ptah de Memphis.

Le *monument en diorite,* à gauche, au nom de Ramsès II (A 20) a fait l'objet de nombreuses discussions sur son identification en raison des zones grattées – visibles sur le visage, l'abdomen, la ceinture et les flancs du siège – qui laissaient supposer un réemploi antérieur. Aujourd'hui, l'on accepte qu'il s'agit d'une mise au goût du jour de l'iconographie de Ramsès II par lui-même.

Dès l'entrée, placées en rang serré, les *statues des déesses Sekhmet* (A 2 à A 11) au corps de femme et à la tête de lion, à l'inverse du sphinx, canalisaient toutes

Déesse Sekhmet

A 2
18e dynastie, règne d'Aménophis III
Temple de Mout à Karnak
Diorite
H. 230 cm

les forces du mal contenues dans l'Égypte, chacune d'elles étant chargée d'une facette particulière d'énergie négative. Œuvre d'Aménophis III, l'un des plus grands constructeurs de l'histoire pharaonique, celles-ci proviennent du temple de Mout à Karnak. Elles sont de tailles différentes – la plus grande est en position debout –, certaines plus ornées, plus polies que d'autres. L'artiste égyptien a su réaliser, grâce au passage habile de la perruque tripartite mêlée à la crinière, une figure composite qui n'est pas monstrueuse.

Ouverte aux fidèles, la première cour du temple était le réceptacle des statues des dignitaires qui, par faveur royale, pouvaient déposer une statue à leur nom, sûrs de bénéficier du débordement des offrandes divines et royales. L'appel aux vivants, gravé sur la pierre, invite chaque passant à redire le nom, et ainsi à faire revivre le défunt.

Montouhotep, vizir de Sésostris Ier est l'exemple le plus ancien ici à avoir reposé dans la proximité d'Amon à Karnak. Deux *statues* en grès (A 123 et A 124), avec traces de couleurs, et une troisième en diorite – dans la position du savant –, celle du *scribe* (A 122), suggèrent la prestance et l'autorité du personnage. Comme chef de tous les travaux du roi, peut-être a-t-il participé à la conception de la Chapelle blanche conservée à Karnak, joyau d'architecture égyptienne ?

Statue de Montouhotep, vizir de Sésostris Ier, d'Amenemhat II

A 122
12e dynastie
Karnak
Diorite
H. 72 cm

Devant Sébekhotep, la *statue cube de Minmès*, directeur des travaux du roi Thoutmosis III, de taille colossale mais sans tête, énumère, dans l'inscription qui recouvre entièrement le vêtement, les tributs rapportés des expéditions militaires et indique quelle fut son activité à Médamoud, au nord de Karnak, où fut retrouvée la statue.

Par contraste, la *statue cube de Ouahibrê* (A 91), en diorite polie, illustre le style saïte. Le manteau lisse, la perruque en poches, les yeux sans ligne de fard, le visage placide, la rigueur du volume, l'inscription en pancarte résumant le nom et les fonctions du personnage, tous ces éléments signent la période d'Apriès, roi saïte de la 26e dynastie.

Entre les deux, la *statue de Hékatefnakht* (E 25499), plus petite et dépourvue de tête, présente à genoux un naos renfermant une statue d'Osiris. Le vêtement à manches longues, noué sur la poitrine, indique la 27e dynastie à laquelle vécut le personnage. Ses titres le rattachent à Bubastis dans le Delta, ville de la déesse Bastet dont il porte une amulette au cou.

En face, à gauche, une *statue cube* imposante représente Hapouséneb (A 134), personnage éminent sous Thoutmosis II et la reine Hatchepsout.

En granite rose, la *statue de Youyou*, premier prêtre d'Osiris à Abydos, présente la figure du dieu dont il assure le culte. Il appartient à toute une lignée de prêtres bien connus par plusieurs monuments du Louvre. Les inscriptions surchargent la sculpture de ses titres, de sa filiation et du nom de Ramsès II. De même, la *statue de Saiset* (A 73), en diorite, présente une petite chapelle contenant l'image du dieu Oupouaout, sous la protection duquel il se place. Revêtu de la robe plissée en vogue sous les Ramessides, le personnage présente un visage bien personnalisé, au-delà de la mode.

Les statues en position debout appartiennent à la Basse Époque.

Peftchaouaneith (A 93), statue naophore comme les précédentes, décrit tous les travaux de restauration qu'il entreprit dans le temple d'Osiris en Abydos sous les premiers rois de la 26e dynastie. Le sourire saïte, la coiffure, le pectoral et le vêtement caractérisent bien cette époque. Le *général Hor* (A 88), quant à lui, dépourvu de tête, fut en outre affublé de mains et de pieds modernes, et l'ensemble dut être repoli.

Colonne du roi Ounas

E 10959
6e dynastie
Saqqara
Granite
H. 660 cm

L'inscription relate ses fondations pieuses exécutées à Hérakléopolis, que l'archéologie sur le terrain permet d'attribuer à la dernière dynastie indigène sous les rois Nectanébo.

Ainsi tous ces grands personnages vantent-ils leur activité fondatrice, grâce à laquelle ils peuvent bénéficier de la proximité divine dans le temple.

Dans la première cour peuvent être dressés des péristyles à colonnes. Cette évocation regroupe ici une colonne gravée du cartouche du roi Ounas, de la 5e dynastie (la plus à droite), celles gravées au nom de Ramsès II (les plus hautes), enfin, un chapiteau à ombelles fermées, sans date précise. La première provient du temple funéraire du roi à Saqqara. Les deux colonnes de Tanis, monolithes à l'origine, passent pour être un réemploi de l'Ancien Empire par Ramsès II, qui aurait fait graver sa titulature en surcharge, en raison de la forme du palmier ouvert très répandu à cette époque.

À la cour ouverte à la lumière du soleil succèdent d'autres cours fermées, de plus en plus réduites à mesure que l'on se rapproche du « saint des saints ». Chaque mur est chargé de reliefs, et toutes les parois du temple présentent le thème presque unique du face-à-face de pharaon avec la divinité. Seul grand prêtre, le pharaon rend un culte au dieu et en assure la continuité. Si le roi fonde et diffuse la vitalité divine, alors le « Pays » connaît l'harmonie.

Présentés sur les cimaises, les reliefs provenant d'Abydos (B 10 à B 14, B 20) sont au nom de Ramsès II suivant deux styles différents. À gauche, les dieux confirment le roi dans sa royauté par le souffle de vie et les insignes royaux. Il s'agit du dieu-faucon Horus, suivi probablement du dieu Onouris à la carnation foncée, et d'une déesse, peut-être Méhyt, au visage humain sous un imposant disque solaire rouge ; Onouris et Méhyt étant particulièrement honorés dans la région d'Abydos. Les couleurs vives et le relief monumental finement sculpté dans le creux indiquent le meilleur style du règne. Sur le mur de droite, le roi accomplit les offrandes rituelles à Horus et à Isis-Hathor : les dimensions réduites devaient appartenir à une chambre plus intime du temple où les rites se déroulaient. Par la force de l'image, le roi perpétue le culte et reçoit en échange vie, santé et force.

Reliefs de Ramsès II

B 13, B 11, B 12
19e dynastie
Abydos
Calcaire polychrome
H. de 100 à 46 cm, L. de 135 à 62 cm

Chaque roi, dans le respect des fondations des ancêtres, fonde à nouveau, sculpte les murs de récits historiques, raconte ses victoires, place des stèles en guise de prières, ajoute des chapelles annexes, multiplie les statues divines. Le temple, au cours des dynasties successives, ressemble à un agrégat de sanctuaires élevés autant à la gloire des dieux qu'à celle des pharaons. De plus, la vénération d'un dieu n'est pas exclusive, et d'autres formes divines peuvent être associées au culte principal.

La seconde cour, dans laquelle on pénètre maintenant, évoque ces différents aspects.

Rapportée par Champollion de Bouhen, situé au niveau de la seconde cataracte en Nubie, la *stèle de Ramsès Ier et de son fils Séthi Ier* (C 57) énumère leurs fondations dans ce lieu à la suite d'une expédition victorieuse en Nubie, en l'an 2 de leur corégence. Fragmentaire et taillée dans le grès, la stèle figure le roi devant la forme ithyphallique d'Amon-Min suivi d'une déesse.

En diorite, la *stèle dite du bannissement* (C 256) fait état d'un oracle rendu par le dieu Amon approuvant l'amnistie accordée à des hommes bannis. L'incident eut lieu sous la 21e dynastie des grands prêtres qui s'arrogèrent la royauté, non sans quelque résistance. La stèle provient de Karnak, de même que la stèle dite de Bakhtan (C 284), qui fut retrouvée dans le temple de « Khonsou qui gouverne dans Thèbes » hors de l'enceinte principale à l'est de Karnak. Aujourd'hui en deux morceaux, elle était monolithe à l'origine et couverte de peinture. Elle relate le recours à la statue divine de Khonsou transportée en Orient, pour guérir une princesse lointaine. On ne connaît pas la date

Détail des Annales de Thoutmosis III

C 51
18e dynastie
Karnak
Grès
H. totale 500 cm

exacte de cet événement, mais le texte stéréotypé fait penser qu'il s'agit d'un conte historique édité encore à la 30e dynastie.

Le quatrième bloc présente une liste d'offrandes réalisées à l'occasion de l'apparition de l'étoile Sothis, lors de la saison des moissons, il appartenait à une *construction de Thoutmosis III* à Éléphantine (D 68). La gloire du pharaon, de nature divine, est intimement liée à celle des dieux. C'est pourquoi, le *roi Sébekhotep* (AF 8969) avait déposé à Karnak la statue qui commémore son jubilé ou fête-sed pendant laquelle il renouvelle et réaffirme les dons de sa royauté. Le *relief du roi Osorkon II* (C 53) illustre un aspect de ces rites ; vêtu du manteau court, le roi « fait une pause dans la demeure » des dieux d'Héliopolis avec lesquels il s'identifie. Le portail de Bubastis duquel provient ce bloc proclame la célébration de cette fête qui eut lieu au cours de la vingt-deuxième année du règne.

Au verso de l'autre mur, les *blocs fragmentaires* des *Annales* de Thoutmosis III (C 51) furent gravés à Karnak par le plus grand conquérant de la 18e dynastie. La titulature du roi en caractères monumentaux cerne le tableau qui relate des extraits des dix-sept campagnes conduites en Asie dans le but de « repousser les rebelles et d'agrandir les frontières de l'Égypte ». Le fragment présente une simple énumération des contrées soumises de la cinquième à la dixième campagne, et des tributs considérables qui en résultèrent et qui furent offerts au dieu Amon.

Le *grand chapiteau hathorique* (E 10590) fait pénétrer le visiteur de façon symbolique dans une « chapelle » dédiée à la déesse Hathor. En granite rose, il illustre le visage composite de la déesse à la perruque bouclée et dotée d'oreilles de vache. Gravé au nom d'Osorkon II, il provient du sanctuaire de la déesse Bastet de Bubastis dans le Delta. Une cassure restaurée en Égypte au siècle dernier traverse tout le bas du visage.

La déesse universelle Hathor est célébrée sous différents aspects. Déesse de la joie et de la musique, elle joue du sistre, présente le collier-ménât lors d'une fête sous Amenemhat III, à Licht (B 77). À Thèbes, honorée comme patronne de la montagne des morts, elle prend – d'après le monument dédié par le scribe royal Ramose (E 16276) dans « la place de Vérité », la ville des artisans royaux à Deir el-Médineh – la forme du bovidé, orné du collier-ménât qui protège l'image du roi Ramsès II. Un rare *monument* en grès (E 26023) de la Basse Époque réunit ses quatre formes humaines et animales. Le mufle de la vache protège la déesse-uræus, l'animal étant encadré par la forme héliopolitaine d'Hathor, Nébet-Hétepet, et par une déesse léontocéphale. Mais c'est dans le grand temple de Dendéra qu'elle apparaît dans ses aspects les plus classiques (voir le Zodiaque dans la galerie voisine).

En face, les pièces présentées évoquent une chapelle dédiée à Amon. Anépigraphe, la *statue d'Amon* (E 11005) rappelle les traits du roi Toutânkhamon qui a réhabilité le culte du dieu de l'empire à la suite de l'« intermède amarnien » ; pour cette raison il a réalisé une série importante de statues du dieu Amon.

Les bas-reliefs présentent, dans un face-à-face répétitif, l'assimilation du dieu et du roi Ramsès II coiffé de la couronne rouge ou blanche. Le plus complet de l'ensemble (B 24) montre que le visage d'Amon, coiffé de hautes plumes, a été resculpté : plus de ligne de fard autour de l'œil, menton raccourci, lobe de l'oreille allongé. La construction érigée à l'est de Karnak par les rois Thoutmosis III et IV a été réutilisée par Ramsès II dans le temple qui porte son nom – « Ramsès II aimé d'Amon qui écoute les prières » –, destiné à la piété populaire autant qu'au culte personnel du roi. Seul, le bas-relief (E 26905) figurant *l'intronisation de la « divine adoratrice » Nitocris* par le dieu Amon ne provient pas du même ensemble.

Relief d'Amon et de Ramsès II

B 24
19e dynastie
Karnak
Grès
H. 84 cm

Comme à Karnak, où chaque pharaon érige une chapelle autour du noyau central, ici les « chapelles » se succèdent et mêlent les règnes.

Au nord et au sud de Thèbes, à Médamoud et à Tôd, les pharaons du Moyen Empire, dans la tradition de leurs ancêtres, édifièrent des sanctuaires au dieu Montou accompagné des déesses Tanénet à Tôd, et Râttaouy (E 12923) à Médamoud. En tant que « Sauveur de la terre des ancêtres », Montou protège et environne Thèbes ; dieu combattant, il agit avec pharaon. Les vestiges trouvés à Tôd, en éclats de calcaire blanc, attestent le style raffiné de Séânkhkarê Montouhotep à la 11e dynastie. Les scènes demeurent classiques : *consécration des offrandes* (E 15113), *scène de couronnement entre Tanénet et Montou* (E 15120), *l'enfant-roi sur les genoux du dieu*, *scène de fondation avec la déesse Séchat* (E 15117). Montou est reconnaissable à la tête de faucon ornée d'un imposant disque solaire, d'un double uræus et de hautes plumes (E 15114, E 15111, E 15110). Nebhepetrê Montouhotep, quant à lui, a laissé des vestiges en grès, *colonnes octogonales* (E 15102, E 15103) et *éléments de portes* (E 15104, E 15105, E 15106) réemployés dans les fondations postérieures. Amenemhat Ier fonde à son tour : le linteau de porte (E 15122) en témoigne.

Le *trésor de Tôd* soigneusement enfoui sous les dalles du temple, comme un dépôt de fondation, renfermait dans des coffres en bronze au nom d'Aménemhat II des morceaux bruts de lapis-lazuli, des lingots d'argent en forme de chaîne et tout un

Trésor de Tôd

E 15128 à E 15303
12e dynastie, règne d'Amenemhat II
Tôd
Bronze, argent, lapis-lazuli, or
H. du grand coffre 20, 5 cm ;
L. 45 cm

ensemble de coupes à godrons, retrouvées pliées dans les coffres. Cette formidable accumulation de valeurs rapportées de l'étranger fut pieusement offerte au dieu Montou de Tôd au début du règne d'Amenemhat.

De l'autre côté, la chapelle d'Éléphantine réunit vingt blocs retrouvés lors des fouilles françaises de l'Institut de France en 1907-1908. Le temple, élevé par Hatchepsout et Thoutmosis III aux deux déesses tutélaires de la première cataracte, *Satet et Anouket* accompagnées du *dieu Khnoum* à tête de bélier (AF 2577, de provenance inconnue), perpétuait le culte qui fut inauguré dès le début de l'histoire. Suivant le choix des couleurs, le méplat ou le creux des bas-reliefs, les blocs épars proviennent des différentes parties de l'édifice. L'image de Satet est rehaussée d'or (B 69). L'*élément de plus petites proportions* (B 68) représente le mariage mystique. Seule l'image d'Amon fut poursuivie par les détracteurs amarniens, et Séthi Ier dut la « restaurer », il fit resculpter son image et apposa son nom.

Le *naos* au nom de Pépi Ier (E 12660) témoigne de l'ancienneté du culte de Satet et Anouket. La forme arrondie et la niche peu dégagée du monolithe attestent bien son archaïsme.

Avant de pénétrer dans le « saint des saints », les montants d'une porte monumentale symbolisent de nouveaux passages, une montée de plus en plus intime vers la statue divine. Les *fragments du portail* en diorite présentent la titulature partielle de Ramsès II, son nom d'Horus encadré des tiges bourgeonnantes des millions d'années. Le roi offre des laitues à Amon-Min sous sa forme ithyphallique (B 15, B 16) et, d'après le texte, des vases à vin (B 17).

À gauche, de plus petites dimensions, le *montant de porte* au nom de Thoutmosis II (D 35) provient du sud de l'Égypte, en raison de la mention de la déesse Satet (peut-être Esna).

Le culte du dieu Osiris pratiqué de façon privilégiée à Abydos fut honoré aussi dans les plus grands sanctuaires. La *triade divine* (A 12) réunit Osiris vêtu de son suaire, encadré par Horus et un pharaon qui s'assimile aux dieux. Plus généralement, ce sont ses deux sœurs, Isis et Nephthys, qui entourent le dieu Osiris, rappelant alors le mythe de sa résurrection. La *statue*

Reliefs des déesses Satet et Anouket

B 59, B 71
18e dynastie,
règne de Thoutmosis III
Éléphantine
Grès polychrome
H. 71 cm, 72 cm ; L. 99 cm, 82 cm.

grandeur nature *de Nephthys*, dans son apparence féminine est exceptionnelle ; elle fut dédiée par le roi Aménophis III lors de son jubilé. Isis, figurée sous les traits de la *« divine adoratrice » Chépenoupet* (E 7826), apparaît souvent sous la forme de la mère allaitant Horus. Pour affermir leur pouvoir, les rois soudanais de la 25e dynastie plaçaient, dans l'aire d'Amon, des prêtresses choisies dans leur propre famille.

La chapelle d'Abydos regroupe ici un *ensemble de monuments* aux noms des rois Sébekhotep III et IV de la 13e dynastie (B 3, B 4, B 5, C 9, C 10, C 8). La stèle cintrée figure une scène d'adoration de deux princesses aux dieux vénérés en Abydos, lieu de pèlerinage très prisé au Moyen Empire, où chacun déposait un monument pour accompagner sa prière.

Le naos, le « saint des saints » par excellence, doté initialement d'une porte en bois, renfermait la statue divine qui recevait les honneurs d'un être vivant : elle était vêtue, nourrie, selon les rites quotidiens. L'*édicule monolithique* de granite rose consacré par le roi Amasis à la 26e dynastie (D 29) devait abriter une statue d'Osiris. Entièrement gravé, il rappelle toutes les grandes divinités de l'Égypte, en mêlant les dieux créateurs des différents systèmes théologiques aux dieux locaux. Il montre la force de la tradition architecturale, avec le léger fruitage sur plan carré, le tore d'angle et la corniche en palmes épanouies.

Naos d'Amasis

D 29
26e dynastie
Granite
Trouvé dans la mer à Alexandrie.
H. 255 cm
Don du consul Drovetti

Au moment des fêtes liturgiques, la statue, qui demeurait cachée, accomplissait des « sorties » ; portée en barque, elle pouvait rendre visite aux divinités voisines. La *statue d'Anouket* (E 12710) ainsi que la *barque de procession* (AF 9756), au décor disparu de stuc et d'or, ont été retrouvées dans une cachette dans l'île d'Éléphantine. Les archives des fouilles et leur proximité au moment de la découverte permettent de les réunir aujourd'hui.

Derrière l'espace sacré où résidait la statue du dieu, des chapelles annexes et des magasins servaient aux nécessités des rites.

En illustration, les différents blocs de paroi de l'époque ptolémaïque réunis ici proviennent de Karnak. Le *linteau brisé* (B 37, B 38, B 39) compléterait celui d'une porte du temple de Ptah figurant le roi-sphinx Ptolémée XII devant la triade thébaine Amon-Mout-Khonsou, les autres *blocs* (B 35, B 36), issus d'une porte du temple de l'est, figurent Ptolémée VII devant la divinité syncrétique Amonrasonter. Avec le *naos* en granite (D 30) provenant de l'île de Philae aux noms de Ptolémée VIII et de Cléopâtre II, les blocs forment un ensemble chronologique cohérent de la fin de l'histoire pharaonique et illustrent, sur le canevas traditionnel, le changement de style : corps boursouflés, surcharge de détails.

Le fragment de quartzite rouge évoque un troisième naos, le *naos Paponot* (E 20572), du nom de son découvreur à Tell el-Maskouta dans le Delta. Dédié par Ramsès II au sphinx d'Atoum, il représente ici la « montée du roi vers le palais », et, sur le relief intérieur, l'encensement et la libation des offrandes devant une divinité solaire.

Comme pour conclure, le bloc de l'offrande de Maât du roi Osorkon Ier (B 55), trouvé à Bubastis, résume en quelque sorte toute la fonction du temple : sauvegarder l'Égypte du chaos, faire advenir l'équilibre, et la déesse du même nom, l'ordre, la justice, aussi fragiles que la plume que porte cette petite déesse sur sa tête. Le roi offre ce qu'il demande, et proclame que, déjà, il bénéficie de la proximité de Maât.

Avant de descendre par l'escalier, on découvrira les chapelles annexes présentées dans la galerie voisine.

12bis Les chapelles

La chambre des Ancêtres

Un pilier de granite fragmentaire provenant de Coptos figure Thoutmosis III en train de réaliser l'offrande des lotus. Livré au Louvre grâce aux fouilles Reinach, ce fragment appartient au complexe architectural dont le musée des Beaux-Arts de Lyon conserve d'autres éléments.

La direction du roi conduit notre regard vers la stèle d'Hatchepsout (C 48), la plus grande stèle fausse porte conservée au département égyptien, qui provient du célèbre temple de Deir el-Bahari, sur la rive ouest de Thèbes. Elle ornait le mur d'une chapelle construite à la mémoire du père de la reine Thoutmosis Ier. Rapportée par les agents du consul Salt avec la première grande collection qui forma le département égyptien du Louvre en 1826, elle se trouve aujourd'hui près d'un *élément de décor* (E 27462) acheté en 1991, issu de la même chapelle : défilé de dignitaires chargés d'offrandes variées. Le style sobre, la composition rigoureuse de la scène et la formule d'offrandes montrent l'inspiration pour des modèles de l'Ancien Empire.

Relief de Deir el-Bahari

E 27462
18e dynastie
Temple de la reine Hatchepsout
Calcaire
L. 95 cm

À Karnak, Thoutmosis III érigea un monument original, la chapelle des Ancêtres (E 13481*bis*), visible dans le fond de la galerie. Le roi rend hommage à soixante et un de ses ancêtres, devant une table d'offrandes chargée de victuailles. Célèbre au XIXe siècle en raison de son caractère historique, elle est l'une des cinq grandes listes chronologiques de noms royaux. En fait, l'ordre n'est pas respecté et peu de pharaons célèbres sont cités. À gauche, apparaissent les rois Snéfrou, de la 4e dynastie, Sahourê, de la 5e dynastie ; mais Pépi Ier est mentionné sur le mur du fond, à la suite des rois du début du Moyen Empire. Aujourd'hui, l'on n'a pas encore saisi le sens réel qui a présidé à cette construction. La plupart des visages, en outre, ont été martelés. Elle était déjà en ruine lorsque Prisse d'Avennes la démonta en 1843. D'abord présentée à la Bibliothèque nationale, elle fut transférée en 1922 au Louvre, mais les démontages ont fragilisé les blocs de grès, un tiers seulement est authentique, le reste de la composition montre plusieurs étapes de restauration.

En revenant sur ses pas, l'on peut admirer le *Zodiaque* (D 38) qui ornait le plafond d'une chapelle sur le toit du temple d'Hathor à Dendéra. La voûte céleste est supportée par les quatre déesses piliers du ciel, orientées vers les points cardinaux. Sur leurs mains repose le cortège des trente-six décans. Dans le cercle intérieur, les signes zodiacaux se mêlent aux planètes et aux constellations. Leur position précise et la figuration de l'éclipse qui eut lieu en mars 51 av. J.-C. permettent de confirmer que le Zodiaque fut dessiné entre juin et août de l'année 50 av. J.-C., sous les Ptolémées.

Ainsi le temple s'avère-t-il être un microcosme indispensable à la vie de l'Égypte, dans lequel dieux et rois vivent en étroite dépendance, ne devant leur existence qu'à l'échange harmonieux qu'ils instaurent entre eux.

Zodiaque de Dendéra

D 38
Époque ptolémaïque
(Ier siècle av. J.-C.)
Grès avec traces de brûlure
L. 255 cm

13 Crypte d'Osiris

Le tombeau royal

Le tombeau royal s'est distingué, tout au long de la civilisation égyptienne, de la tombe des particuliers, tant par son architecture que par le mobilier qui y était déposé. Succédant aux pyramides de l'Ancien et du Moyen Empire, les tombeaux des pharaons du Nouvel Empire furent creusés dans la montagne à l'ouest de Thèbes. La plupart des tombes des rois de cette période sont regroupées en un lieu connu aujourd'hui sous le nom de Vallée des Rois. Cette salle évoque le décor et le mobilier funéraire de ces tombes royales ainsi que l'iconographie et les rites concernant Osiris, le roi du monde des morts.

La plupart des tombes de la Vallée des Rois furent pillées depuis l'Antiquité. Leur mobilier fut ainsi dispersé, ce qui explique que certains éléments isolés figurent aujourd'hui dans les musées. La tombe de Toutânkhamon, restée quasi inviolée et découverte en 1922, donne une idée de l'abondance et de la richesse du mobilier royal.

Au centre de la salle se trouve la cuve en granite rose du *sarcophage de Ramsès III* (D 13) ; son couvercle est aujourd'hui au Fitzwilliam Museum de Cambridge. Celle-ci a la forme d'un cartouche royal qui, d'ordinaire, contient le nom du roi. Ici, c'est le corps du roi qui se trouvait à l'intérieur, veillé par les déesses ailées Isis et Nephthys représentées aux deux extrémités.

Les parois extérieures et intérieures sont décorées de scènes empruntées aux compositions qui ornaient les parois des tombes royales : *Livre des demeures secrètes* ou *Livre des cavernes*. Certaines scènes seront utilisées au profit des particuliers qui les feront représenter sur des papyrus (vitrines 4 et 11) ou sur les parois de sarcophages comme le *sarcophage de Djedhor* (D 8) situé dans la salle annexe de cette crypte.

La cuve de ce sarcophage royal contenait d'autres cercueils qui pouvaient être en bois, comme *ceux des rois Antef* de la 17e dynastie – vitrine 2 (E 3019 et E 3020) –, ou en pierre, comme le *fragment d'un cercueil du pharaon Séthi II* en granite (vitrine 1). Dans les salles

Cuve du sarcophage de Ramsès III

D 1
Nouvel Empire, 20e dynastie
Thèbes-ouest, Vallée des Rois, tombe de Ramsès III (n° 11)
Granite
L. 305 cm ; l. 150 cm ; H. 180 cm
Collection Salt

annexes de la tombe et autour du sarcophage étaient disposés de nombreux objets indispensables à la destinée du roi après sa mort. La nature et le nombre des objets ont évolué selon les époques et les modifications des rites funéraires. Au Nouvel Empire, on trouve des lits en bois doré ou incrusté, dont les montants ont la forme d'un animal : hippopotame, lion ou vache comme en témoignent les *fragments de pattes et de têtes* – vitrine 1 (E 27146A, E 27146B, E 27146C). Des ustensiles utilisés lors de l'embaumement y sont quelquefois déposés : c'est le cas des *quatre vases en faïence bleue au nom de Ramsès II* – vitrine 1 (E 11094). Bien qu'ayant un devenir particulier après sa mort, le pharaon n'échappait pas aux corvées du royaume d'Osiris tout comme le commun des mortels. Comme eux, le roi possédait des *statuettes de serviteurs funéraires* chargés de se substituer à lui pour effectuer les tâches pénibles (vitrine 3). Elles sont de tailles et de matériaux divers. On remarquera, parmi celles-ci, les statuettes au nom du pharaon Aménophis III, de grandes dimensions, en granite ou en serpentine, et celles au nom du pharaon Séthi Ier en bois ou en faïence, et *deux statuettes aux noms d'Aménophis IV-Akhénaton* (E 17457) et de *Néfertiti* son épouse (AF 9904), ainsi que les *exemplaires en bronze de Ramsès III* (N 656A et N 656B).

Le monde des morts a lui aussi un souverain : le dieu Osiris. Son culte va connaître, à partir du Moyen Empire, un très grand essor. Il mêle en lui deux aspects correspondant à deux dieux anciens, Khentyimentiou, « celui qui préside à ceux de l'Occident » (les morts), dieu de la ville d'Abydos en Haute-Égypte, et Andjty, souverain parfait et universel, dieu de la ville de Busiris dans le Delta. Ces deux villes resteront, jusqu'à l'époque copte, les centres majeurs du culte osirien.

Osiris peut être représenté sous diverses formes (vitrine 8). La plus courante est celle d'un homme enveloppé dans un vêtement, tenant des sceptres symboles de son autorité royale, coiffé d'un haut bonnet flanqué de deux plumes d'autruche comme le montre la *statue d'Osiris* (E 18847) en pierre noire. On peut aussi l'évoquer par l'intermédiaire des enseignes religieuses vénérées dans ses deux sanctuaires majeurs, comme c'est le cas sur le *cercueil d'Imeneminet* (E 5534), vitrine 5. La ville d'Abydos était réputée conserver la tête d'Osiris. L'enseigne de la province où se situait cette ville se compose d'un élément oblong posé au sommet d'une hampe. Il fut réinterprété comme une châsse contenant l'insigne relique du dieu. En contrepoint, à la ville de Busiris était associé un élément particulier, le pilier *djed* – qui représente peut-être un tronc d'arbre étêté, souvent considéré comme la colonne vertébrale du dieu.

Le dieu Osiris connut un destin tragique, dont le récit a été transmis par l'écrivain grec Plutarque au Ier siècle de notre ère. D'autres sources égyptiennes antérieures en donnent des versions différentes de la sienne. Visible dans la vitrine 9, la *stèle d'Imenmès* (C 286) conserve cependant l'une des plus anciennes versions de ce récit sous la forme d'un hymne au dieu : Osiris, roi parfait, est assassiné par traîtrise par son frère Seth qui, non content de se débarrasser du corps, le découpe ensuite en morceaux pour empêcher qu'on le retrouve. Isis, sœur et épouse d'Osiris finit, après une longue quête, par recomposer le corps de son mari et l'embaumer. Après l'avoir ressuscité, elle peut concevoir de lui un fils. Dans la plupart des sanctuaires du pays, on commémorait ces événements tragiques lors de cérémonies à l'occasion desquelles on réalisait, dans des *moules* – vitrine 6 (E 11375, E 11031) –, des figurines en sable mêlé de grains d'orge. On laissait germer ces graines pour symboliser la résurrection du dieu, à l'instar de la renaissance de la végétation, comme l'illustre une *vignette du papyrus Jumilhac* (E 17110) de la vitrine 6. Les cérémonies célébrées à Abydos depuis le Moyen Empire favorisèrent l'implantation de nombreux monuments, dédiés par des hauts personnages ou des groupes d'individus ayant la même profession, dont la *chapelle de Sénousret* (C 16, C 17, C 18 et A 48), dans la vitrine 10, constitue un bon exemple. Au Nouvel Empire, la ville se verra dotée de nombreux temples et d'un important clergé, à la tête duquel se trouve le grand prêtre du dieu. La *statue d'Ounennéfer* (A 66), vitrine 7, qui occupait ce poste sous le règne de Ramsès II, montre ce personnage revêtu des insignes de sa fonction et tenant l'emblème d'Abydos.

Cercueil d'Imeneminet

E 5534
Troisième période intermédiaire
Toile aglomérée stuquée et peinte
L. 187 cm ; l. 48 cm
Collection Rousset Bey

14 Les sarcophages

Le sarcophage est l'un des éléments les plus caractéristiques du mobilier funéraire égyptien. Le « maître de vie », selon la désignation dans la langue égyptienne, assume plusieurs fonctions : enveloppe protectrice du corps, nouvelle demeure du défunt, reproduction en miniature de l'univers et auxiliaire pour la vie dans l'au-delà. Sa forme et son décor sont le reflet de la position sociale du propriétaire et, de fait, celui de l'art de l'époque qui les a produits. Il illustre aussi les conceptions religieuses en matière de survie après la mort qui n'ont pas été immuables au cours de l'histoire égyptienne.

Quand on vient de la crypte d'Osiris (salle 13), se présente, face à l'escalier, le plus ancien sarcophage conservé à ce jour dans les collections égyptiennes du Louvre : le *sarcophage d'Abou Roach* (E 12959), contemporain de l'époque des grandes pyramides (v. 2300 av. J.-C.). La cuve rectangulaire a été taillée dans un seul bloc de calcaire. L'extérieur est décoré d'un motif qui évoque une façade d'édifice alternant bastions en saillie et parties rentrantes. Le motif architectural renforce ainsi la fonction du sarcophage comme demeure du mort.

À droite du monumental sarcophage d'Abou Roach, et postérieurs d'environ cinq cents ans, sont présentés les *deux cercueils gigognes d'un dénommé Sopi* (E 10779A et E 10779B). Ils assurent au défunt une assistance matérielle éternelle en concentrant sur les parois les représentations de tout ce qui pourrait être utile à sa survie : vêtements, bijoux, armes et nourriture. Par ailleurs, la connaissance de la topographie de l'au-delà et de ses habitants est également mise à la disposition du mort : une véritable carte du royaume des morts est tracée sur le fond de la cuve du *cercueil extérieur de Sopi*. Les parois comportent des formules des *Textes des sarcophages* qui permettent, au prix de nombreuses transformations et d'interrogatoires, de gagner le royaume d'Osiris. La paroi externe du cercueil intérieur comporte l'image d'une porte factice pourvue d'yeux aux vertus magiques, les yeux oudjat. Ils permettent au défunt, dont la momie est souvent placée la face tournée vers eux, de garder un regard sur le monde des vivants.

Au Nouvel Empire (v. 1550 av. J.- C.) apparaît le type le plus familier du sarcophage égyptien qui sera employé jusqu'à l'époque gréco-romaine. Le cercueil possède la forme humaine du défunt, la figeant intacte pour l'éternité. Le *sarcophage de la dame Madja* (E 14543) reproduit l'apparence de la momie recouverte d'un linceul et sanglée dans ses bandelettes qui portent le nom de la défunte. C'est souvent la seule inscription que l'on trouve sur les sarcophages de ce type, les textes utiles au défunt pour accéder au royaume d'Osiris figurant désormais sur des papyrus désignés sous le terme de *Livre des morts,* qui sont présentés dans la salle 17.

Sarcophage du scribe royal Iniouia

D2
Diorite
Nouvel Empire, fin 18e dynastie (?)
L. 205 cm ; l. 65 cm ; H. 72 cm

La matière et le nombre des cercueils varient selon le rang social des personnages. Le *fragment de couvercle en diorite* (D 4) appartient à un sarcophage semblable à celui de la dame Madja mais dont le propriétaire est l'un des personnages les plus célèbres du Nouvel Empire : Amenhotep, fils de Hapou, le chef des travaux du pharaon Aménophis III dont il nous reste une partie de l'œuvre à travers les célèbres colosses de Memnon. La déesse du ciel, Nout, représentée ici au niveau de la poitrine, étend ses ailes sur le corps du défunt, qui, comme le soleil que la déesse met au monde à l'aube, naîtra à la vie éternelle. Une variante de ces sarcophages possède, sur le couvercle, la représentation du propriétaire en costume des vivants, témoin de la mode de son temps. La cuve quant à elle comporte sur les parois des représentations des génies funéraires préposés à la protection des viscères. Ce type de sarcophage, comme ceux de *Djéhoutyhétep* (D 3) ou d'*Iniouia* (D 2) apparait à la fin de la 18e dynastie (v. 1550-1295). À l'époque des Ramsès, les sarcophages en pierre se font plus massifs et le répertoire décoratif est plus abondant, envahissant peu à peu la surface du couvercle où Isis, Nephthys sœurs d'Osiris, ainsi que le dieu des embaumeurs à tête de chien Anubis sont souvent représentés – *sarcophage de Nachouiou* (E 11297).

Aux environs de l'an 1000 av. J.-C., les cercueils extérieurs reprennent une forme rectangulaire avec un couvercle au toit bombé dont le *cercueil de Tachépenkhonsou* (E 3913) est un bon exemple. Comme les cercueils emboîtés qu'ils contiennent, et qui sont disposés dans les deux vitrines situées de part et d'autre de l'escalier, ils sont recouverts de vignettes et de textes aux couleurs chatoyantes, qui représentent les génies de l'au-delà selon un répertoire iconographique proche de celui des papyrus mythologiques (salle 13, vitrine 4). Le couvercle évoque fréquemment le voyage nocturne du soleil dans sa barque, le mort étant ainsi associé au cycle éternel de l'astre. Cette assimilation perdurera aux époques ultérieures. En effet, à partir de l'époque saïte (v. 625 av. J.-C.), on voit apparaître de grandes cuves en pierre à forme humaine ou, le plus souvent, oblongues, comme la *cuve de Djedhor* (D 9) ou

Cercueils de la dame Tamoutneferet

N 2631, N 2571, N 2620, N 2623, N 673, N 2598
Bois
Troisième période intermédiaire - 21e dynastie

celle de *Hor* (D 10). Les parois externes et internes comportent des extraits du *Livre des demeures secrètes,* qui décorait, mille ans plus tôt, les parois des caveaux souterrains des pharaons du Nouvel Empire dans la Vallée des Rois. Au revers du couvercle, on retrouve la déesse Nout tenant le disque solaire.

Le répertoire iconographique des cuves extérieures se retrouve aussi sur les éléments destinés à prendre place à l'intérieur de la cuve. Plusieurs sarcophages pouvaient ainsi s'emboîter comme autant d'enveloppes autour du corps. Les vitrines 1 et 2 montrent différents exemples de ces enveloppes et leur évolution du Nouvel Empire à l'époque ptolémaïque. Dans la vitrine 2 sont exposés l'*ensemble de la dame Tamoutnéferet,* composé de plusieurs cercueils gigognes (N 2631 et N 2571), ainsi qu'un élément ajouré (N 2620 et N 2623) qui se place directement sur le corps. Vers 900 av. J.-C., cet élément constitue une véritable couverture de momie, généralement en bois et couverte de représentations à caractère religieux. Le défunt y est très souvent représenté, ainsi que sur le fond de la cuve ou sur le couvercle. Par ailleurs, deux divinités importantes constituent une base récurrente

Nout, la déesse du ciel détail du revers du couvercle du sarcophage de Djedhor

D 9
Grauwacke
Basse Époque
L. 285 cm ; l. 124 cm ; H. 120 cm

du décor. La déesse de l'Occident, lieu du séjour des morts, est souvent représentée au fond de la cuve. Elle est reconnaissable à sa coiffure, un faucon perché sur un support, qui correspond au hiéroglyphe signifiant l'« Ouest ». L'autre déesse, Nout, est plutôt placée au revers du couvercle, et donc au-dessus du mort ; elle est parfois dévêtue. Le corps est donc installé de façon à être présenté par la déesse de l'Occident et accueilli par celle du ciel. Une fois encore le défunt est assimilé au soleil et au cycle de sa disparition et sa renaissance éternelles. C'est ce même thème décoratif que l'on retrouve sur les cercueils en pierre à partir de l'époque saïte et jusqu'à l'époque ptolémaïque : *sarcophages d'Ankhmerout* (D 7) en vitrine 1, et de *Tisicratès* (D 40), en vitrine 2, témoins, au niveau du visage, des changements stylistiques dans l'art (salles 29 et 30). Les cercueils ou les couvertures de momies ont souvent les visages et les mains recouverts d'une feuille d'or ou peints en jaune : l'or, métal inaltérable et donc éternel, est la matière qui constitue la chair des dieux auxquels le défunt est identifié. Ce souci d'éviter le destruction du corps est crucial dans les conceptions égyptiennes de la survie après la mort. La technique de la momification a été mise au point dans ce but.

15 La momie

Embaumement et enterrement

L'embaumement

[Vitrine 1]

L'enveloppe protectrice n'est en effet d'aucune utilité si le corps vient à être endommagé. Attesté depuis l'époque thinite (v. 3100 av. J.-C.), le procédé de la momification ne cessera de se perfectionner jusqu'au Nouvel Empire. Cependant, l'embaumement reste réservé à certaines catégories sociales, les plus pauvres étant roulés dans une natte et enterrés dans le désert. Les étapes du traitement du corps en usage vers 650 av. J.-C. nous sont connues par la description qu'en fait l'historien grec Hérodote. Le corps était emmené vers l'atelier des embaumeurs, lavé et purifié, et le flanc incisé à l'aide d'un *couteau* en silex ou en bronze (N 2116). Les produits nécessaires à l'embaumement, contenus dans des vases, étaient alors introduits dans le corps. Résines et huiles, responsables de l'actuelle couleur noirâtre des momies, pouvaient être coulées dans la boîte crânienne après que la paroi nasale eut été défoncée à l'aide d'un *cuilleron de narines* (N 1703). Le corps était ensuite desséché au moyen d'une substance apparentée au sel : le natron. Les entrailles étaient retirées du corps, traitées et placées dans quatre vases appelés *vases canopes* (N 3001, N 3002, N 3007, N 3008) à l'effigie des génies préposés à leur protection : Amsit à tête d'homme, Hapy à tête de singe, Douamoutef à tête de canidé et Qébehsenouf à tête de faucon. La momie était ensuite enveloppée dans des bandelettes dans lesquelles on insérait des amulettes. Les phases de cette opération sont également connues par des papyrus d'époque gréco-romaine et notamment le *rituel de l'embaumement* (E 5158). La momie (N 2627) présentée ici appartient à un homme ayant vécu à l'époque des Ptolémées.

Les funérailles

[Vitrine 2]

Le corps était ensuite rendu à sa famille pour les funérailles et les rites de deuil qui sont représentés en partie sur la *stèle* E 25496. Au milieu des cris des pleureuses professionnelles qui se frappent le front et le couvrent de poussière, le convoi funèbre se dirige vers la nécropole. Avant de gagner le caveau, le défunt, par l'entremise de son sarcophage, se voit restituer ses sens au cours de la cérémonie de l'« ouverture de la bouche ». Le déroulement de ce rituel est connu par

Momie d'homme

N 2627
3e-2e s. av. J.-C.
H. 167 cm

diverses sources dont un *papyrus* (N 3155). Le sarcophage est redressé et un prêtre lui touche les yeux, les narines et la bouche à l'aide d'une *herminette* (E 14071). Puis il le purifie, procède à une fumigation à l'aide d'un *encensoir* (E 14687) et touche le sarcophage à l'aide d'accessoires regroupés sur une plaque de bois évidé, véritable *trousse à instruments* (E 609) pour cette cérémonie. Libérées de leurs entraves, et restituées au défunt les facultés physiques qui lui permettent de bénéficier des offrandes funéraires déposées dans la tombe.

16 Les tombes

Mourir sans sépulture est l'une des peurs viscérales de l'Égyptien. La tombe est ressentie comme un élément indispensable à la vie éternelle. Point de contact entre le monde des vivants et celui des morts, la sépulture est le lieu des cérémonies qu'exige le culte funéraire. De ce fait, elle comprend une partie accessible aux vivants et une autre, où l'on ne pénètre plus après l'enterrement, qui abrite le corps. Le rang social du propriétaire détermine l'aspect de la sépulture ainsi que la nature et l'abondance du mobilier funéraire. Elle reflète en outre les conceptions religieuses qui prévalent à l'époque de sa construction.

Le matériel de la tombe à l'Ancien Empire

[Vitrines 1 et 2]

Le type de tombe le plus répandu à cette époque est le mastaba, édifice de forme quasi rectangulaire comprenant un caveau souterrain et une chapelle, dont celle au nom d'Akhethétep, présentée salle 4, est un bel exemple. Le contact entre le monde des vivants et celui où réside désormais le défunt est assuré par une stèle imitant la forme d'une porte. La *stèle fausse porte de l'inspecteur des greffiers Chéchi* (E 27133) date de la 6e dynastie. Elle porte l'inscription des noms et des titres du propriétaire sur les montants intérieurs et, sur les montants extérieurs, des souhaits concernant la vie dans l'au-delà. Le tableau en relief levé représente un thème fréquent : le défunt assis étendant la main vers des pains posés sur sa table d'offrande, sous laquelle sont représentés une aiguière et son bassin. Dans le caveau étaient déposés divers objets : récipients de pierre et de métal, chevets, et, à la fin de l'Ancien Empire, des statuettes représentant des personnages dans des activités liées à la préparation de la nourriture ou de la boisson, comme le *modèle de meunier* en calcaire (E 7704). Le matériel retrouvé dans la tombe d'Isi (vitrine 2), gouverneur de la province d'Edfou, qui vécut sous le règne de Pépi Ier vers 2300 av. J.-C., comprenait un *linteau* (E 14329) avec la scène du défunt assis devant sa table d'offrande. Dans sa tombe furent retrouvées des statues de particuliers, comme le *groupe anonyme* (E 14399) ou la *statue d'homme* (E 14400). Une *aiguière et son bassin* en cuivre (E 25979), identiques à ceux représentés sur le linteau, y avait été déposés en compagnie d'autres ustensiles en cuivre : des *coupes* et leur *support,* des *rasoirs* et des *miroirs.*

Le matériel de la tombe du Moyen Empire

[Vitrine 3]

À la fin de l'Ancien Empire, les conceptions funéraires vont subir de profondes transformations avec l'essor du culte du dieu Osiris permettant désormais à tous de bénéficier d'une vie éternelle glorieuse en s'identifiant au dieu. De petites chapelles contenant une statue du défunt et une table d'offrande comme *celles de Nébit* (E 14330, E 14410) permettent l'exercice du culte funéraire. Il existe de plus grandes sépultures, souvent creusées dans les falaises désertiques bordant la vallée, notamment celles des dignitaires qui, à l'instar de ceux de la fin de l'Ancien Empire, continuent à se faire enterrer sur leur lieu d'origine ou d'exercice de leur autorité. Une partie du mobilier funéraire provenant de la tombe inviolée du chancelier Nakhti située à Assiout est présentée ici, les autres éléments étant conservés au musée du Caire. L'une des statues qui ornent les niches de la chapelle est présentée au premier étage (salle 23). Le mobilier funéraire était entassé dans l'un des puits exigus de la tombe.

La momie de Nakhti était enveloppée d'un tissu à franges d'où émergeait la tête recouverte d'un masque doré et soutenue par un chevet. Elle reposait sur le flanc, tournée vers la paroi du *sarcophage intérieur* (E 11936), qui s'emboîtait dans une cuve plus grande, et était ornée des yeux oudjat. Sur le corps était posé le *collier en faïence* (E 12008), et le *collier à boules d'argent* (E 12013, E 12014). Les *sandales* ainsi qu'une petite *aiguière et son bassin* étaient placés au niveau des pieds. Le matériel funéraire comprenait également de nombreux simulacres de vases ou d'armes ainsi que des modèles en bois peint transcrivant en trois dimensions des scènes qui ornaient les parois des tombes. On trouve ainsi, disposés autour du cercueil, des modèles de *bateaux* ou encore celui d'un *grenier* (E 11938). *Trois statues* en bois, sans aucune inscription et de petites dimensions, représentent Nakhti, reconnaissable à sa physionomie, et portent des pagnes et des perruques qui diffèrent selon les statues.

Contenu d'une tombe du début du Nouvel Empire

Thèbes ouest - Gournet-Mourraï
Vers 1550 av. J-C. - début de la 18e dynastie

Le contenu d'une tombe du début du Nouvel Empire

[Vitrine 4]

Le mobilier funéraire exposé ici évoque le contenu des tombes du début du Nouvel Empire retrouvées dans la colline de Gournet Mourraï, sur la rive gauche de l'actuel Louxor. Dans un caveau, en général de faible volume, sont entassés autour du cercueil des objets identiques à ceux utilisés dans la vie quotidienne, voire ceux-là mêmes qui appartenaient au défunt. La tombe est meublée comme la maison d'un vivant. Aussi y trouve-t-on des *nattes,* un *chevet* et des *tabourets.* Des éléments de rangement, comme des *coffrets* et surtout les *paniers,* sont également déposés dans le caveau.

De nombreux *vases* en terre cuite contiennent des denrées diverses nécessaires à l'alimentation du mort. Son bien-être n'est pas oublié : *rasoirs, miroirs, peignes* et *tubes à kohol* pour les soins du corps et la parure, une lyre pour son divertissement. Le défunt est quelquefois évoqué d'une façon particulière : une statuette de petites dimensions, comme celle de *Satnem* (E 14319), est placée sur une chaise ou un tabouret que le défunt occupe ainsi pour l'éternité.

Le contenu d'une tombe aux environs de 1000 av. J.-C.

[Vitrine 5]

La période qui suit le Nouvel Empire voit les conceptions religieuses subir un profond changement. Face à une époque troublée, les dieux sont considérés comme les seuls recours fiables et efficaces. Aussi s'en remet-on plus que jamais à eux après la mort. Le mobilier funéraire va traduire cette tendance par la multiplication des scènes où le défunt sera représenté en adoration devant des divinités. Les sarcophages qui comportent plusieurs cuves et couvercles gigognes – voir les *cercueils de Soutymès* (N 2609, N 2610, N 2611) – sont entièrement recouverts de vignettes aux couleurs chatoyantes, qui illustrent des sujets religieux souvent complexes. Des sujets analogues se retrouvent sur certaines vignettes des papyrus funéraires, tels que le *papyrus de Khonsoumès* (N 3070). Aux chapitres tirés du *Livre des morts* s'ajoutent de scènes complexes liées aux diverses compositions qui ornaient, au Nouvel Empire, les parois des tombes royales. Ces papyrus étaient souvent placés dans des statues dites *Ptah-Sokar-Osiris* (N 2872), du nom du dieu aux fonctions multiples empruntant l'iconographie traditionnelle du dieu des morts, Osiris.

Les autres pièces traditionnelles du mobilier funéraire, présentées dans la galerie adjacente (salle 17), telles que les *coffres à canopes* ou *coffrets à ouchebtis* contenant les nombreux serviteurs funéraires, comportent également des scènes d'adoration aux dieux et parfois même une scène de pesée du cœur comme sur le *coffret de Tchaouenhouy* (N 4124).

L'ÉQUIPEMENT FUNÉRAIRE

Le *Livre des morts*

[Vitrine 1]

En venant de la salle 18, on accède à la galerie consacrée à l'équipement funéraire du défunt. Afin de multiplier les garanties de survie éternelle, plusieurs éléments sont déposés au contact même du corps ou placés à proximité ou sur le sarcophage. Parmi ces éléments, l'un des plus connus consiste en un rouleau de papyrus sur lequel sont consignées des formules constituant le *Livre pour sortir le jour,* appelé le plus souvent *Livre des morts*.

Reprenant des textes inscrits sur les parois internes des cercueils du Moyen Empire, il apparaît à partir du Nouvel Empire et sera utilisé jusqu'à l'époque gréco-romaine. Cependant, certaines de ces formules pouvaient être utilisées par les vivants et comportaient un mode opératoire précis faisant intervenir des objets – ils sont présentés en partie basse de la vitrine ou en regard de celle-ci. Ce « mode d'emploi » s'apparente en de nombreux points à celui des rituels magiques exposés en salle 18, vitrine 1.

L'ordre des chapitres va peu à peu se codifier et le recueil peut constituer des rouleaux de taille variable.

Nebqed et sa famille adorant Osiris

Détail du *Livre des morts* du scribe Nebqed
N 3068
Papyrus
Nouvel Empire - 18e dynastie

Datant de l'époque gréco-romaine, le *papyrus au nom d'Hornedjitef*, présenté ici, constituait un rouleau de près de vingt mètres de longueur.

On peut aussi trouver ces textes sur des linceuls ou des *tissus funéraires* comme celui sur lin *au nom d'Aberouaï* (N 3059). Selon le prix consenti à son achat, le rouleau peut être pourvu de vignettes aux couleurs vives, comme sur le *papyrus de Néferoubenef* (N 3092) ou le *papyrus de Nebqed* (N 3068). Ces vignettes illustrent, entre autres, des moments cruciaux de la survie du défunt : ses funérailles, la dépose dans le caveau, puis son accès à l'au-delà : ses transformations, sa comparution devant Osiris avec la pesée de son cœur, son activité, principalement à vocation agricole, dans le royaume du dieu des morts et sa sortie dans le monde des vivants par l'intermédiaire de sa chapelle.

Les serviteurs funéraires

[Vitrines 2 et 3]

Les serviteurs funéraires sont des statuettes correspondant à une formule particulière du *Livre des morts* destinée à « faire effectuer les travaux dans l'autre monde » : la figurine se substitue au défunt pour les corvées exigées de lui dans l'au-delà. Cette formule s'y trouve souvent inscrite avec le nom et les titres du propriétaire. L'aspect général est celui d'un personnage emmailloté dans des bandelettes, dont les bras croisés sur la poitrine peuvent tenir des instruments ou des amulettes protectrices. Les premières statuettes de ce type remontent au début du Moyen Empire (v. 1963 av. J.-C.). Elles portent un court texte extrait du recueil composant les *Textes des sarcophages* que l'on peut voir sur les parois internes du cercueil extérieur de Sopi (salle 14). Au début du Nouvel Empire, elles sont grossièrement taillées dans du bois et pourvues d'une courte formule d'offrande. Les personnages gardent un aspect momiforme, mais leur aspect va se diversifier. À partir du règne d'Aménophis III (v. 1391 av. J.-C.), on en trouve des exemplaires qui portent le costume des vivants. Leur usage ne se limite pas au domaine funéraire. Certains, utilisés comme des ex-voto, sont enterrés dans les nécropoles proches de grands centres de culte du dieu Osiris. Les matières qui les constituent – grauwacke, diorite, granite, calcite, terre cuite, bois – sont aussi variées que leur apparence – momie sur un lit funéraire, personnage seul placé dans un sarcophage miniature ou couple formé du propriétaire et son épouse.

Vers 1069 av. J.-C., le nombre des serviteurs funéraires tend à se multiplier (vitrine 3). Cependant, à l'image de la vie quotidienne, une telle cohorte ne peut rester sans organisation. Parmi les serviteurs funéraires qui portent des instruments à usage agricole, *houe* (N 4330) ou *couffin* (N 479), se trouve en effet un contremaître qui tient un fouet chargé d'encadrer dix ouvriers. Comme souvent à cette période, ces serviteurs sont réalisés en « faïence égyptienne » et souvent d'un bleu profond. Parmi ceux qui sont exposés ici, *deux d'entre eux* (E 7680) appartiennent à la dame Neskhonsou, épouse du grand prêtre d'Amon de Karnak, Pinedjem Ier. Ces figurines sont explicitement mentionnées sur la *tablette en bois,* dite *tablette de Neskhons* ou *tablette Rogers* (E 6858) exposée dans la vitrine 3. Écrite à l'encre noire en cursive hiératique, elle rend compte de l'achat de ces statuettes par Neskhonsou et de leur paiement effectué aux artisans. La transaction est garantie par le dieu Amon en personne sous la forme d'un décret divin qui enjoint aux figurines de protéger leur propriétaire jour et nuit en contrepartie du prix acquitté pour leur achat, devoir qui s'ajoute à leur rôle de substitut.

Ces serviteurs funéraires étaient le plus souvent déposés à proximité du sarcophage mais pouvaient être également placés dans des coffrets (vitrine 2). Le décor de ces derniers est en rapport avec le monde des morts : il figure le repas funéraire – *coffret de Khâbekhent*

Coffret à serviteurs funéraires et serviteur funéraire au nom de Khabekhent

E27147, E 27148
Bois ; calcaire
Thèbes ouest - Deir el Medineh
Nouvel Empire, 19e dynastie,
règne de Ramsès II

(E 27149) –, des scènes d'adoration de divinités – telles qu'Osiris sur le *coffret de Paankhimen* (N 2677) –, les génies préposés à la garde des viscères ou encore un épisode des funérailles – *coffret de la dame Pypya* (N 2643).

Les vases à viscères (vases canopes)

[Vitrine 4]

Lors des funérailles, les viscères étaient retirés de la cage thoracique, traités de façon spécifique en vue de leur conservation dans des vases particuliers, désignés sous le nom de vases canopes. Ils sont attestés depuis l'Ancien Empire et prennent leur forme de vases à partir de la 5e dynastie (v. 2500-2350 av. J.-C.). Les matériaux qui les constituent sont variables : terre cuite, albâtre, calcaire. Les couvercles n'affectent la forme d'une tête humaine qu'à partir de la Première Période intermédiaire. On trouve également, durant le Moyen Empire, des bouchons à l'effigie des quatre fils d'Horus préposés à la protection des viscères : Amset à tête d'homme, Hapy à tête de singe, Qébehsennouf à tête de canidé et Douamoutef à tête de faucon *simulacres de vases canopes au nom de Padiouf* (N 2952 A-D). Au Nouvel Empire, ces bouchons représentent le défunt sous des traits idéalisés. On trouve également à cette époque des petits cercueils, à l'effigie des quatre fils d'Horus, qui remplissent les mêmes fonctions que les vases. À la Basse Époque, les viscères sont parfois replacés à l'intérieur même du corps après traitement, enveloppés dans du tissu. Les vases sont déposés auprès des sarcophages ou, le plus souvent, dans des *coffres à canopes* (vitrine 5), dont la plupart sont décorés à l'effigie des quatre fils d'Horus.

Simulacres de vases canopes au nom de Padiouf

N 2952 A - D
Bois stuqué et peint
Troisième période intermédiaire

Statue de Didi et son fils Pendoua

A 63
Calcaire peint
Deir el Medineh (?)
Nouvel Empire ; 19ᵉ dynastie, règnes de Séthi Iᵉʳ et Ramsès II
H. 31 cm ; L. 19 cm

Le matériel funéraire au contact de la momie

[Vitrines 6 et 7]

Une fois momifié, le corps était emmailloté dans des bandelettes, dans lesquelles on pouvait insérer un certain nombre d'amulettes en rapport avec la protection du corps et ses transformations dans l'au-delà (vitrine 6). Les pectoraux funéraires, l'œil oudjat conférant l'intégrité, le pilier djed assurant la stabilité sont parmi les plus répandues. Les scarabées de cœur sont particulièrement importants pour le mort. Le scarabée, qui sert à écrire le verbe « se transformer » dans la langue égyptienne et qui représente également la forme du soleil à son lever, porte ici une formule extraite du *Livre des morts* afin d'empêcher que le cœur témoigne contre son propriétaire. Ce viscère était considéré comme le siège de la pensée chez les Égyptiens et devait être soumis à l'épreuve de la pesée. Il était, à cette occasion, comparé avec la conformité morale représenté par l'emblème de la déesse Maât : une plume d'autruche. Grâce à ce scarabée placé au niveau de la poitrine, le défunt pouvait sereinement affronter le jugement de ses actions passées. Un autre élément important consiste en un masque recouvrant le visage : la « tête mystérieuse », qui fait aussi l'objet d'une formule spécifique du *Livre des morts*. Ces masques apparaissent à partir du Moyen Empire –

masque (E 11995) – et visent à assimiler chacun des éléments du visage du défunt à un élément du visage d'un dieu. Le mort est ainsi identifié comme un être d'essence divine par les divinités du monde souterrain. Si l'exemplaire le plus connu de ce type d'objet est le masque d'or du roi Toutânkhamon, conservé au musée du Caire, les exemplaires de particuliers sont faits de matériaux plus modestes : plâtre, bois stuqué peint en jaune, ou même faïence – *masque* (E 1875).
Muni de tous ces éléments, le défunt pouvait aller à sa guise entre le monde des morts et celui des vivants. Cette sortie vers le jour, et sa lumière donnée par le soleil est un élément important dans les conceptions funéraires égyptiennes. L'association au cycle éternel de l'astre et sa vénération se rencontre dans les tombes du Nouvel Empire sous de multiples formes (vitrine 8) : hymnes au soleil gravés sur les montants de la porte d'accès à la chapelle de la tombe – *montants au nom de Houyshéry* (C 66, C 67) ; statues tournées vers le soleil dans une posture de vénération – *fragment de pyramidion de Minnakht* (E 10265) –, ou tenant une stèle avec un hymne à Râ – *statue de Didi et Pendoua* (A 63).

Statuette de la déesse Nebethetepet

E 4417
Métal cuivreux
Basse Époque
Collection Delaporte
H. 20 cm

18 Les dieux et la magie

Parmi les nombreux éléments de la civilisation égyptienne qui frappent le plus l'imagination, les dieux, leur nombre et surtout l'aspect qu'ils revêtent figurent en bonne place. Ils sont la traduction souvent complexe d'un imaginaire religieux dont les clés restent assez obscures malgré les textes qui s'y rapportent. Cependant, la religion égyptienne, à l'instar d'autres religions, a subi une évolution, des crises, des influences, autant de facteurs qui trouvent leur traduction plastique dans la représentation des divinités. La vitrine 1 présente sous la forme d'un petit dictionnaire une sélection de dieux classés par ordre alphabétique, accompagnés de leur représentations les plus fréquentes.

Qu'est-ce qu'un dieu ? À cette question complexe, les Égyptiens ont apporté plusieurs types de réponse. Leurs plus anciennes représentations sont sous forme

Statuette du dieu Khnoum

N 3577
Argent
Éléphantine
Troisième Période Intermédiaire?
Collection Denon
H. 9 cm

Statuette du dieu Ptah

E 3305
Métal cuivreux, or et electrum
Basse Époque
Don Auguste Mariette
H. 11 cm

Statuette de la déesse Maât

E 4437
Métal cuivreux
Basse Époque
Collection Delaporte
H. 10 cm

d'animaux ou d'objets naturels. En revanche, la représentation associant un corps humain à des parties animales indique que les dieux partagent nombre de traits avec les hommes : les dieux ont un corps, des sentiments, des mouvements d'humeur. Ces manifestations bien humaines s'accompagnent d'effets particuliers : leurs larmes, leur sueur, leurs paroles créent êtres humains et matériaux. Le monde où ils évoluent comprend celui des hommes, mais ils s'y manifestent en des lieux précis dont les temples. Certains sont associés à des éléments naturels comme le soleil (Râ) ou la lune (Thot ou Osiris). D'autres sont plus particulièrement associés à des lieux ou vénérés dans tout le pays.

La structure de la société des dieux ressemble à celle des hommes. Elle comporte un roi (Amon, Atoum) et certaines fonctions communes, comme celle de scribe assumée par Thot ou Séchat. Ils sont le plus souvent regroupés en familles divines : la structure père-mère-enfant ou triade, est la plus courante. Parmi les plus vénérées des triades divines, on compte Amon, Mout « la Mère », et Khonsou, la famille divine de Karnak, appelée encore « triade thébaine » ; Osiris, Isis et Horus, la « triade osirienne » ; Ptah, Sekhmet et Néfertoum, vénérés à Memphis. On trouve également des couples, ou des groupes de six à douze divinités – plus souvent neuf : l'ennéade – qui président à un temple.

Les relations entre les hommes et les dieux peuvent prendre plusieurs formes. Ils sont responsables de la création et leur action ne peut se prolonger que si l'ordre du monde, personnifié par la déesse Maât, est maintenu. Pour cela, le culte doit leur être rendu sur terre par celui que les dieux ont choisi comme gardien de leur œuvre : le pharaon. Les hommes peuvent s'adresser directement aux dieux par la prière mais il existe un mode de relation particulier, donné par les dieux aux hommes : la magie. Ce terme, dans son acception égyptienne, recouvre un ensemble de pratiques particulières destinées à « vaincre les coups du sort » causés par d'autres hommes, des dieux ou des éléments nuisibles.

Certains des objets spécifiques à ces pratiques sont présentés dans la vitrine 2. Parmi elles, les *statuettes de prisonniers* en terre crue (E 16495 à E 16501) montrent l'image d'un prisonnier, les bras ramenés dans le dos et ligotés. Ils représentent l'élément néfaste qui, entravé,

« Ivoire magique » face et revers

E 3614
Ivoire
Moyen Empire
Collection Fould ;
collection Anastasi

ne peut plus nuire à quiconque. Parmi ces statues, la *statue de prisonnier* (E 27204), en bois, reflète un aspect particulier des craintes des Égyptiens, celui des morts dangereux. Sans sépulture, leur état d'être errant leur permet de prendre possession du corps des vivants et d'y déclencher la maladie. D'autres peuvent agir depuis le séjour des morts, faisant payer aux vivants une négligence passée ou actuelle. Inscrire leur nom sur une figure de prisonnier, comme ici, permet de les neutraliser. Un autre moyen de les convaincre de ne pas nuire consiste à leur écrire. Deux exemples sont présentés ici : le *bol en terre cuite* d'une mère (E 6134), du Moyen Empire, ou, datant du Nouvel Empire, la *lettre du scribe Boutéhamon à sa défunte épouse Akhtaÿ* (N 698) écrite sur un éclat de pierre à l'encre rouge. D'autres objets, tels que des *ivoires magiques* (E 3614, AF 6447), du Moyen Empire, sont également caractéristiques de ces pratiques. Leur usage est mal connu mais leur forme arquée et les dieux représentés les relient au moment délicat de l'accouchement, au cours duquel ils seraient utilisés. Le « magicien », en Égypte, peut intervenir dans divers secteurs de la société y compris auprès du roi. Cependant, il ne se distingue pas forcément par son apparence : le costume de la *statue du magicien Hétépi* (E 123) n'est pas différent de celui d'autres grands personnages du Moyen Empire.

Au Nouvel Empire, les scribes ont souvent dans leur bibliothèque des recueils d'écrits magiques assimilables à des *grimoires,* dont un *papyrus* (E 6840) est un fragment. On en extrayait, selon les circonstances, le charme dont on avait besoin pour confectionner des *talismans sur papyrus* (E 3233A et E 3233B ; E 32308), qui étaient ensuite pliés et portés autour du cou. Certaines de ces amulettes, datant de la 21e dynastie (v. 1089 av. J.-C.), appelées *décrets oraculaires* (E 3234, E 8083), étaient placées dans des *étuis* en métal précieux (E 3316,

E 3317). C'étaient de véritables déclarations des dieux, qui s'engageaient à préserver le propriétaire de l'écrit de toute atteinte.

D'autres amulettes protectrices plus courantes sont présentées dans la vitrine 2 : le *pilier djed* associé à Osiris, le *nœud tit* souvent associé à Isis, et dont la couleur rouge éloigne le mal, ou encore l'*œil oudjat*, œil du dieu Horus, qui fut magiquement reconstitué après avoir été blessé et, de ce fait, est garant de l'intégrité corporelle. Par ailleurs, des effigies de dieux ou d'éléments divins sont souvent portées au cou à l'instar de nos médailles

Statue « guérisseuse »

E 10777
Basalte
4e s. av J.-C.
Coll Tyszkiewicz
H. 67 cm

Cependant, comme l'indiquent souvent les textes, le charme n'agit que si, conjointement à la réalisation de gestes ou d'objets et à la récitation de formules appropriées, les dieux prêtent leurs pouvoirs au magicien. Les dieux liés à la magie sont présentés ici : *Isis* (N3997), la grande magicienne qui ressuscita son époux Osiris et sauva son fils Horus grâce à ses formules efficaces ; *Sekhmet* (N 3830), la redoutable déesse qui répand épidémies et calamités dans sa fureur destructrice, mais aide à guérir les maladies ; *Thot* (N 4081), maître des hiéroglyphes, seigneur des écrits et, de fait, inventeur de charmes magiques à la puissance redoutable. D'autres dieux, comme *Touéris* (E 323) ou *Bès* – dont une grande statue en calcaire (N 437) été trouvée au Sérapéum –, sont également liés à la protection du foyer et de ses habitants.

Une place particulière doit être faite à Horus l'Enfant, représenté nu et coiffé de la mèche de cheveux latérale qui caractérise l'enfance. Sur les stèles, dites *stèles d'Horus sur les crocodiles,* dont une sélection est présentée au bas de la vitrine, il est représenté sur ces sauriens, empoignant des animaux nuisibles, principalement des serpents et des scorpions. Ces monuments sont de taille variable et peuvent être miniaturisés afin d'être portés au cou. Les texte inscrits dans ces stèles peuvent guérir des morsures ou des piqûres d'animaux venimeux. La *statue guérisseuse* (E 10777) est dotée de l'une de ces stèles, qui comporte une version extrêmement développée de ces formules. Celle-ci relate comment elles guérirent le jeune Horus du venin qui l'avait terrassé. Pour les hommes, il suffit de verser de l'eau sur la statue, puis de la recueillir et de la boire pour guérir, grâce à la vertu curative des textes, communiquée à l'eau qui a ruisselé sur eux.

19 Les animaux et les dieux

Animaux sacrés
Momies d'animaux
Sérapéum de Memphis

Les Égyptiens entretiennent des relations ambiguës avec le monde animal ; ils ont des animaux familiers et domestiques et les consomment sans complexes. Cependant, ils associent la plupart des bêtes à une ou à plusieurs divinités. Certaines espèces échappent cependant à leur intérêt : l'exemple le plus surprenant est sans doute celui de la chouette, dont l'image est l'un des hiéroglyphes les plus fréquents (salle 6) ; cependant, elle n'est quasiment jamais représentée en tant que telle ; elle n'est pas considérée comme une divinité, et les textes classiques connus ne nous ont pas révélé son nom.

Le culte des animaux sacrés a ses origines dans des traditions animistes très anciennes : bêtes et plantes sont le réceptacle des forces surnaturelles. Peu avant l'unification de l'Égypte, le roi, représenté parfois comme un taureau qui renverse ses ennemis, est entouré de partisans (tribus et villages) qui se font reconnaître par des enseignes surmontées d'un emblème, souvent un animal (voir *palette au taureau,* salle 20) ; ces fétiches ont survécu à l'époque historique, comme désignations des provinces, et les dieux qu'ils représentaient se sont imposés dans toute l'Égypte, avec très peu de renoncements ; ce conservatisme a bien sûr engendré des contradictions, pourtant bien assimilées ; les bizarreries s'expliquent parfois par des considérations hégémoniques : c'est ainsi que le dieu Thot, ibis des marais du Delta, a pu prendre aussi la forme d'un babouin en s'installant dans la ville d'Hermopolis-Achmounein où régnait un obscur dieu-singe qu'il supplanta.

Pour rendre tangible la relation entre les dieux et le monde animal, les Égyptiens ont recours à toutes les combinaisons possibles et parviennent, grâce à un réel talent artistique et à un sens étonnant de l'astuce graphique, à donner de la beauté et de la grâce à ce qui devrait normalement être de véritables monstruosités.

Les dieux-animaux

[Vitrine 1]

Les objets rassemblés dans cette grande vitrine centrale montrent quelques-uns de ces animaux divins. Il s'en faut de beaucoup qu'ils soient toujours identifiables : si l'*ibis en bois et en bronze* (E 17380) est presque sûrement l'animal du dieu Thot, que dire de cette *oie* (E 26020), production du même style, qui peut aussi bien représenter le dieu Geb que le dieu Amon ?

Le *babouin* (A 126), chef-d'œuvre de la vitrine, illustre bien les problèmes que rencontrent les égyptologues eux-mêmes. Sa provenance est inconnue ; sans l'inscription qui se trouve sur son socle, on n'hésiterait pas à en faire une image du dieu Thot. Or, ce texte mentionne le roi Snéfrou, aimé de Hâpy : celui-ci est le dieu du Nil en crue, mais il n'est pas courant qu'il soit figuré sous l'aspect d'un singe. En outre, l'inscription ne date certainement pas de l'époque du roi Snéfrou, qui est probablement cité ici en tant que roi défunt auquel on vouait un culte. Il n'est pas exclu non plus que l'inscription ait été rajoutée après coup sur l'objet ; en tout cas, le style des hiéroglyphes rappelle celui des inscriptions de la 11e dynastie.

Statue de babouin

A 126
Moyen Empire ?
Calcaire
H. 52,3 cm ; l. 27 cm ; Pr. 40 cm

La *tête de crocodile* en pierre (E 11292) n'illustre qu'imparfaitement la physionomie de ce dieu, mais les visiteurs auront l'occasion d'en contempler d'autres images dans cette salle (vitrines 7 et 8). Le crocodile représente un animal redouté par les Égyptiens, particulièrement dangereux pour les enfants qui ne savent pas s'en prémunir ; dans les contes, c'est un instrument de la justice divine qui avale le coupable tombé à l'eau ; le magicien utilise parfois à cette fin un crocodile de cire qui se transforme en être vivant quand on le jette à l'eau. Mais c'est une importante divinité, Sobek, adorée dans plusieurs régions d'Égypte, notamment dans le Fayoum, région marécageuse qui est sa « niche écologique », mais aussi en Haute-Égypte, où lui est dédié, à Kom Ombo, un temple perché au-dessus des eaux du fleuve. Sur les stèles magiques, il redevient l'une des incarnations des forces mauvaises que conjure le dieu Horus sous sa forme enfantine, appelé Harpocrate (salle 18).

Le cobra représente la force invincible qui permet aux êtres supérieurs de conjurer leurs ennemis et il est d'ailleurs identifié à une flamme : c'est pourquoi il entoure le disque solaire, dont il est l'émanation brûlante, et orne le front des dieux et des personnages royaux (*uræus,* mot latin dérivé du vieux mot égyptien qui désigne le cobra). On trouve aussi des frises de cobras ornant le sommet des édifices et les pièces de mobilier sacré. Normalement, ce cobra est une déesse, entre autres Ouadjit, déesse de la ville de Bouto dans le Delta et emblème de la Basse-Égypte, mais aussi Ouret-hekaou, nom que l'on peut traduire par « la grande magicienne ». Les personnages qui exécutent des rites magiques ou les démons protecteurs tiennent des serpents ou des bâtons en forme de serpents dans les mains. C'est peut-être ainsi qu'il faut interpréter ces *longs cobras* en bronze (E 3855) : un objet similaire a été trouvé dans une tombe thébaine du début du Nouvel Empire et est considéré par certains comme une baguette de magicien, ce qui évoque irrésistiblement l'épisode biblique du bâton qui se transforme en serpent.

La *tête de cobra* en pierre (E 17392) provient probablement du Soudan (Sanam) ; des fragments de statues géantes de cobras en pierre y ont en effet été trouvés, dans la région du Gebel Barkal mais aussi, il y a quelques années, à Karnak et à Louxor ; les dates de ces œuvres vont du Nouvel Empire (Aménophis III) à l'époque saïte. Une magnifique statue de cobra, presque entière, trouvée dans une cachette à Louxor en 1989 et datée du roi Taharqa, serait une image d'Amon-Rê, le grand dieu de Thèbes, ce qui est tout à fait inattendu.

Il existe bien, dès l'époque classique, un chat, animal sacré du dieu-soleil d'Héliopolis, mais la divinité féline le mieux connue est en fait une chatte, incarnation de la déesse Bastet : celle-ci n'est qu'un avatar aimable de la redoutable déesse-lionne Sekhmet, ou Tefnout. À la Basse Époque, et surtout à partir de l'époque saïte, on lui consacre des statues en bronze qui ont été retrouvées en grand nombre ; nous avons respecté cette donnée statistique en présentant une petite enfilade de *chattes Bastet* sous la forme de l'animal assis sur son arrière-train ; les exemplaires le plus soignés sont incrustés ; l'animal est paré de bijoux : collier, scarabée frontal et même boucles d'oreilles.

Quant au *faucon en bronze* (E 14282) qui porte la double couronne, il représente le dieu Horus, souverain d'Égypte des temps mythiques, qui a transmis la royauté aux hommes. Le pharaon est identifié à Horus et comparé à un faucon.

[Vitrine 2]

La facture de ce *chien* (E 11657) ainsi que la présence à son cou d'une clochette sont des arguments en faveur d'une date tardive (époque ptolémaïque ?) ; le fait qu'il provienne de fouilles effectuées dans la région d'Assiout, ville du dieu Oupouaout, un chien sauvage élancé ressemblant à un chacal, permet de supposer que, malgré son style bâtard, il représente quand même ce dieu.

Les taureaux sacrés

[Vitrine 3]

Plusieurs sanctuaires de la région thébaine vénèrent le dieu Montou : celui-ci a couramment la forme d'un homme à tête de faucon surmontée d'un disque solaire orné d'un double cobra ; c'est un dieu guerrier, qui tient parfois un cimeterre. Un taureau lui est associé. Cette *tête de taureau* (E 15567) a été trouvée à Tôd, où des missions françaises ont fouillé un temple du dieu Montou ; sur l'une des parois de ce sanctuaire sont figurés deux taureaux s'affrontant sous la protection du dieu Montou.

[Vitrine 4]

Mnevis est le taureau sacré de la ville d'Héliopolis d'où provient sûrement la *stèle* C 292. Il est en rapport avec le dieu solaire Atoum. Des particuliers se font représenter face à cette divinité ; la *stèle de Pakamen* (E 11898) est particulièrement intéressante, car le taureau divin est représenté avec une vache à ses côtés, du nom de [Nebet]ounefer (« la maîtresse du bon territoire » ?), peut-être son épouse, mais plus probablement sa mère, car les mères des taureaux sacrés recevaient aussi un culte.

[Vitrine 5]

Le toponyme moderne Ermant ou Armant, qui désigne une ville située au sud-ouest de Louxor, a gardé le souvenir du nom de son ancien dieu, Montou. Sur ce site, très dégradé maintenant, a été découverte la nécropole relativement tardive (Bucheum) des taureaux sacrés enterrés entre Nectanébo II et Dioclétien. Cet animal porte un nom qui a été hellénisé sous la forme *Boukhis*. Le *relief de Boukhis* (E 26902) nous montre la tête tronquée de l'animal vu de face. Le style de cette sculpture trahit une œuvre tardive, ptolémaïque ou romaine.

Le culte des dieux-animaux

[Vitrine 6]

Ces *deux stèles de donation* illustrent la participation royale à la vie du temple : on y voit des Ptolémées offrant des domaines (représentés par le hiéroglyphe du champ). Les divinités animales revêtent des formes peu courantes à l'époque classique : le *dieu Chou,* dieu de l'atmosphère, un démiurge qui joue un rôle essentiel dans la création du monde, est ici figuré comme un *bélier* (E 20903) ; la seconde divinité, un lion couché coiffé du disque solaire est en fait une forme du dieu Osiris, *Osiris-le-lion* (E 14226).

[Vitrine 7]

Les particuliers se font représenter face à leur dieu local : quelques stèles privées du Nouvel Empire illustrent ces dévotions qui s'adressent parfois à la statue de culte du sanctuaire tel ce *crocodile de Sobek* coiffé d'une imposante couronne et juché sur son socle (E 20907).

Amon, divinité humaine, peut prendre la forme d'un bélier, animal en rapport avec l'eau et la crue du Nil : les sphinx des abords du temple d'Amon à Karnak ont des têtes de bélier. Sur une petite *stèle* du Louvre (E 11922), Amon est figuré sous sa forme de bélier.

Un serpent, *Méretseger*, « Celle-qui-aime-le-silence », est la déesse de la Cime thébaine surplombant la Vallée des Rois : sur une stèle particulièrement originale (E 13084), dédiée par une femme, elle est représentée comme un cobra dressé au cou gonflé, et accompagnée d'une suite de dix-huit petits cobras au repos. Il est donc probable que, dès le Nouvel Empire, on élevait des colonies d'animaux divins.

Stèle de Tarekhân

E 13084
19e dynastie
Deir el-Médineh
Calcaire peint
H. 24,5 cm ; l. 18,4 cm

Momies et cercueils d'animaux

Ce phénomène d'inflation des animaux divins prend toute son ampleur à la Basse Époque, à partir de l'époque saïte (26e dynastie, VIIe siècle av. J.-C.) probablement. Les prêtres embaument toutes sortes de bêtes, par milliers, et les entassent dans des nécropoles et des catacombes. La sensibilité religieuse à leur égard semble s'exaspérer. Les auteurs grecs, notamment Hérodote, fascinés et amusés par ce phénomène, en

feront état. Des tensions entre populations seraient nées du fait que certaines communautés sacrifiaient, voire mangeaient, les espèces que d'autres vénéraient.
[Vitrine 9]

Une colonie de soldats araméens, arrivés dans la garnison d'Éléphantine dans la foulée des conquérants perses, s'empressent d'y bâtir un temple à Jéhovah ; ils sont bien acceptés par la population, qui n'y voit aucun inconvénient, mais ils finissent par créer un contentieux en persistant à pratiquer des holocaustes d'agneaux, dans la cité qui, par malchance, adore un bélier. En effet les habitants de l'île d'Éléphantine, située sur la première cataracte (en face de la ville actuelle d'Assouan), vénèrent le dieu Khnoum et momifient les béliers.

Momie de bélier de Khnoum

E 3089
Éléphantine (?)
H. 61,5 cm ; L. 100 cm ; l. 51,5 cm

Désigné comme « l'Osiris, bélier de Khnoum » sur le plastron, le *bélier* exposé ici (E 3089) est recouvert d'une enveloppe d'étoffe agglomérée, stuquée, peinte et dorée ; le plastron est orné d'emblèmes divins. Les yeux sont en verre cerclé de bronze. Une coiffure, disparue, surmontait la tête. Plusieurs momies de ce type ont été retrouvées à Éléphantine.

[Vitrine 8]

Toutes sortes de bêtes, chiens, chats, ibis, crocodiles, serpents, scarabées, etc. sont ainsi enveloppées de bandelettes ; le résultat final dépend beaucoup de la qualité du travail, mais aussi de la nature de l'animal : le *chien* ou le

Momie de chien

N 2894
Basse Époque
Enveloppe de lin
H. 37 cm ; l. 8 cm ; Pr. 16 cm

chat sont encore reconnaissables, car leur formes ont été parfois respectées, laissant apparentes pattes et queue (E 2815) ; dans certains cas, seule la tête dépasse, mais elle est recouverte d'un masque peint (N 2678 C) ou d'une sorte de cagoule reproduisant la physionomie de l'animal (N 2894) ; les *ibis* ou les *reptiles* n'ont pas toujours la même chance et se retrouvent transformés en ballots. L'animal est parfois placé dans un sarcophage qui revêt diverses formes : ce sont souvent de simples *boîtes munies d'un couvercle ;* l'animal est identifié par son image se détachant en ronde bosse au sommet, comme ce *scarabée* (E 3957) ; des *réceptacles de bois peint* reproduisent la forme des poissons ; les plus élaborés sont de vraies *statues en bois* ou en bronze, l'animal étant logé dans le socle creux.

Le Sérapéum de Memphis

En 1851, Mariette découvre, dans la nécropole de Saqqara, les catacombes renfermant les taureaux Apis qui ont vécu entre le Nouvel Empire et la fin de l'époque grecque. La plupart de ces animaux sacrés reposent dans des caveaux, disposés autour de longues galeries. Plus on avance dans le temps et plus les enterrements sont fastueux : dans les grands souterrains, inaugurés en l'an 52 de Psammétique Ier, chaque Apis occupe un caveau distinct ; de la 29e dynastie à la fin de l'époque grecque, d'énormes sarcophages de granite occupent des chambres spacieuses.

Le taureau Apis est une manifestation du dieu Ptah de Memphis, mais il a aussi un rapport avec le dieu-soleil (Atoum) et ses images le montrent portant

Statue du dieu Apis

N 390
Nectanébo II (?)
Sérapéum. Fouilles Mariette
Calcaire
H. 126 cm ; L. 176 cm

le disque au cobra entre les cornes. Il est figuré parfois aussi comme un homme à tête de taureau. Une seule bête à la fois est son incarnation : elle est sélectionnée en fonction de critères stricts, pelage blanc et taches noires, dont une, triangulaire, sur le front. Dans une niche au fond de la salle, on peut contempler la *grande statue d'Apis* en calcaire (N 390), trouvée près du dromos conduisant aux catacombes.

L'enterrement de l'Apis

La mort de l'Apis est commémorée sur des épitaphes royales ; celles-ci fournissent un luxe inouï de détails chronologiques : la date de sa mort, la date de sa naissance, celle de son intronisation et, sa durée de vie – tout cela au jour près! Les *stèles* exposées ici (de part et d'autre du passage au-delà de la momie de bélier) datent de l'an 12 d'Apriès (N 405) et de l'an 23 d'Amasis (N 406). Il est tout à fait étonnant de constater qu'on ne trouve jamais dans les textes égyptiens de telles précisions quand le défunt est un roi ; et cela serait pourtant bien utile !

[Vitrine 12]

Une fois mort, l'Apis est embaumé ; on exécute sur lui, puis symboliquement sur sa statue, les rites funéraires, notamment celui de l'« ouverture de la bouche » : cette scène est représentée sur la *stèle de Piyay* (N 411), datée de l'an 30 de Ramsès II, qui est exposée en face du flanc gauche du grand Apis ; en haut de la stèle, un Apis et un Mnévis couchés se font face ; dans une chapelle trône la statue du taureau protégeant une image du roi ; des prêtres en longue robe tiennent les instruments du rite.

Sur la *stèle de Padiiset* (N 413) datée de l'an 28 de Chéchonq III, des dignitaires de cette dynastie libyenne rendent hommage à l'Apis sous sa forme d'homme à tête de taureau.

[Vitrine 11]

Une fois enterré, Apis reçoit un matériel funéraire, en tous points semblable à celui d'un être humain : canopes, amulettes et ouchebtis ; certains sont adaptés à la nature du dieu et ont une tête de taureau. Les vases à viscères, dits vases canopes sont au nom du roi régnant (les canopes exposés sont datés d'Aménophis III et de Toutânkhamon).

Les ex-voto

[Vitrine 10]

Les particuliers consacrent à l'Apis, comme aux autres dieux, des statues ou des figurines et prennent ainsi une part des bienfaits du culte funéraire. La *statue cube de Houy* (N 519) est gravée d'une scène le montrant en posture d'adoration devant le dieu-taureau. Plus tard, les figurines en bronze se multiplient, représentant l'animal et parfois son orant, sur un socle dédicacé.

[Vitrine 14]

Quelque mille deux cents stèles ont été extraites des galeries d'Apis ; elles représentent des civils en adoration devant le dieu. Ces ex-voto étaient déposés à l'occasion de la mort et de l'enterrement de l'Apis, car durant la période de l'embaumement, les souterrains étaient libres d'accès. Le musée du Louvre en a reçu à peu près huit cents. Ces stèles sont gravées ou simplement peintes et portent des textes hiéroglyphiques et cursifs qui nous fournissent surtout des informations onomastiques et généalogiques.

Le Sérapéum récent

[Vitrine 13]

Le site ne se limite pas aux catacombes des taureaux. Nectanébo II construit un temple, dédié au dieu Apis et relié par un dromos à l'entrée des souterrains.

Le *bas-relief* placé dans cette vitrine (N 423) provient de ce temple : on y voit le roi exécutant un rite traditionnel d'adoration devant le taureau.

À partir de Ptolémée Ier, les souverains grecs investissent le site mais respectent encore les conventions égyptiennes : une *épitaphe* (N 409) concernant un Apis ayant vécu sous Ptolémée V et Ptolémée VI, qui donne des détails circonstanciés sur les origines de cet animal, est encore d'un style tout à fait traditionnel. Mais c'est Ptolémée Ier aussi qui introduit en Égypte le culte de Sérapis, censé être un avatar d'Osiris-Apis, mais en fait un dieu thaumaturge, chevelu et barbu ressemblant à Zeus, qui n'a plus grand-chose à voir avec le vieux taureau égyptien. Le terme « sérapéum », que nous avons conservé, est le nom latin *(serapeum)* francisé, formé sur celui de ce dieu grec.

Escalier nord

Ponctué par quelques informations historiques, l'escalier nord conduit le visiteur au premier étage où commence le second circuit égyptien, consacré, celui-ci, à l'histoire de l'art. La visite se déroule chronologiquement selon un double parcours, faisant alterner des espaces de sélection, où se succèdent les chefs-d'œuvre, et des galeries à caractère documentaire ; ces dernières sont foisonnantes d'objets et présentent des séries, dont seuls les plus beaux exemplaires sont exposés dans la zone de « sélection » (stèles, statues, sarcophages...), ou regroupent des ensembles provenant de fouilles. Cette présentation « dense » vient s'inscrire en contrepoint des œuvres majeures, soulignant leur originalité, ou renforce leur appartenance à des ensembles. C'est une histoire longue de plus de quatre mille ans qui se déroule au long des salles.

Palier haut de l'escalier nord
Le visiteur est accueilli par une monumentale statue de *pharaon assis* (A 22). Un œil averti reconnaîtra la différence entre la partie inférieure, sculptée dans une pierre crème aux veines ondoyantes – l'albâtre égyptien –, et la moitié supérieure en albâtre italien verdâtre. Cette dernière est moderne, sans doute due à un sculpteur italien qui restaura l'œuvre au XVIIIe siècle, au moment où elle ornait la villa romaine du cardinal Albani. En revanche, le siège, les jambes et le pagne du souverain datent de l'époque de Ramsès II, comme l'atteste l'inscription gravée à l'arrière de la statue et que Champollion fut le premier à déchiffrer.

20 L'époque de Nagada (v. 4000-3100 av. J.-C.)

Couteau du Gebel el-Arak

Nagada II (v. 3500-3100 av. J.-C.)
E 11517
Gebel el-Arak, près d'Abydos
Silex et ivoire d'hippopotame
H. 25,5 cm

LA FIN DE LA PRÉHISTOIRE

[Vitrine 1]

Autour du couteau du Gebel el-Arak se déploient les plus beaux objets de la civilisation de Nagada, retrouvés dans des tombes ou provenant des premiers sanctuaires. Entre 4000 et 3000 av. J.-C., l'artiste égyptien apprend à maîtriser les secrets de la métallurgie du cuivre, connaît les secrets de fabrication de la faïence et produit une très belle céramique. Il sait également sculpter les vases en pierre dure, les palettes en grauwacke ainsi que les statuettes, les peignes et les manches de poignard en ivoire.

Chef-d'œuvre de la fin de la période, le *couteau du Gebel el-Arak* (E 11517) possède une lame en silex travaillé et un manche en ivoire finement sculpté de scènes de chasse et de guerre. Au verso, on voit un personnage barbu flanqué de deux lions, inspiré de l'art mésopotamien. Le reste de la surface est occupé par des animaux du désert et des chiens. Au recto, divisé en quatre registres, s'affrontent deux groupes de guerriers reconnaissables à leurs coiffures différentes – crâne rasé pour les uns, longue tresse pour les autres – et à leur type de bateaux. Le combat, fluvial sur les deux registres inférieurs, se prolonge en combat terrestre sur les deux registres supérieurs. L'identité des combattants restant hypothétique, l'œuvre a perdu le caractère historique qu'on lui prêtait dans le passé ; elle demeure un des témoignages les plus éclatants du talent des premiers sculpteurs égyptiens, de leur sens de l'observation et de la composition. On retrouve ces qualités sur les plus belles palettes décorées, autrefois déposées dans les lieux de culte.

Palette au taureau

E 11255
Abydos
Nagada II (v. 3500-3100 av. J.-C.)
Schiste
l. 14,5 cm ; H. 26,5 cm

[Vitrine 2]

Sur la *palette de la chasse* (E 11254), des hommes armés de lances, d'arcs et de lassos attaquent des autruches, des lions, des gazelles et des lièvres. Sur la *palette au taureau* (E 11255), le roi vainqueur apparaît sous l'aspect d'un taureau piétinant un ennemi ; la représentation est accompagnée de signes symboliques et de hiéroglyphes qui sont parmi les plus anciens : sur une face, une forteresse à murs crénelés, sur l'autre, cinq enseignes de clans tenant au bout d'une corde un ennemi vaincu. La *palette aux canidés* (E 11052), cernée par les corps allongés de quatre molosses, s'orne d'un décor d'animaux dont certains sont fantastiques, comme une panthère à col de serpent.

[Vitrine 3]

Réduites à d'élégantes silhouettes de poissons ou d'oiseaux, les autres *palettes* retrouvées dans les tombes avaient un usage utilitaire : on y écrasait les fards vert et noir dont les Égyptiens avaient coutume d'ourler leurs paupières. La sculpture, de petite taille, est illustrée par des œuvres taillées dans l'os ou l'ivoire. Les plus exceptionnelles sont une figure d'*homme debout* (E 27457) qui surprend par la simplicité des formes et la précision des détails anatomiques, et une *statuette de femme nue* (E 11887) à la lourde chevelure.

Homme debout

E 27457
Nagada I (v. 4000-3500 av. J.-C.)
Ivoire d'hippopotame
l. 4,3 cm ; H. 24 cm

[Vitrines 5 et 6]

La période connaît une grande variété de *vases en terre cuite,* utilisés comme vaisselle ou pour stocker les aliments et les boissons. Certains se parent de bords noirs dont la couleur métallique contraste heureusement avec le rouge de la panse soigneusement polie. Les vases rouges à décor blanc, caractéristiques de la première époque de Nagada, sont ornés de motifs géométriques. Les vases à décor violacé qui leur succèdent montrent une prédilection pour la ligne courbe : spirales, ondulations, plantes et bateaux à rames évoluant dans un paysage parsemé d'oiseaux et de gazelles.

[Vitrines 4 et 7]

Ces deux vitrines rassemblent les *vases en pierres* dures, basalte, diorite, brèche et cristal de roche, parfois enrichis de feuille d'or ; on remarquera particulièrement quelques récipients en forme d'animaux : lézard, grenouille, scorpion, chien…

21 L'époque thinite (v. 3100-2700 av. J.-C.)

Les deux premières dynasties

[Vitrine 1]

Placée au centre de la salle thinite, la *stèle du roi Serpent* (E 11007) est un monument unique où s'allient la sobriété du style et la maîtrise du ciseau. Son décor, qui est en fait le nom du souverain placé dans une enceinte de palais, résume les principales innovations de la période : l'instauration de la monarchie, l'apparition de l'écriture hiéroglyphique et la naissance de l'architecture monumentale. Vers 3000 avant J.-C., l'Égypte entre ainsi dans l'histoire. Les deux premières dynasties de pharaons constituent ce qu'on appelle l'époque thinite. La principale nécropole, située près d'Abydos, est fouillée par Amélineau à la fin du XIXe siècle. Une grande partie du produit de ses fouilles est achetée par le Louvre. C'est pourquoi la période thinite constitue l'un des points forts de la collection.

La *stèle du roi Serpent,* trouvée dans la nécropole royale d'Abydos, est incontestablement le plus exceptionnel bas-relief de son temps. La partie supérieure de la dalle, légèrement bombée, est évidée de façon à ce que le motif se détache en relief. L'image souveraine d'un grand faucon domine celle d'un serpent encadré par l'enceinte d'une forteresse ; le tout se lit comme un nom royal, le nom du roi Serpent. Le faucon, c'est la personnification du dieu Horus, protecteur de la royauté. Le serpent, c'est le hiéroglyphe se lisant « dj » ou le signe qui sert à écrire le nom du cobra. L'enceinte, c'est l'image du palais, avec ses murs de briques crues rappelant une forteresse pourvue de tours de défense ; les murs, percés de hautes portes, présentent une succession d'avancées et de retraits couronnés d'une corniche. On ne peut qu'admirer la composition majestueuse qui s'inscrit dans le cintre de la stèle, et la science avec laquelle l'artiste a légèrement décalé le sujet vers la droite. Le corps du rapace est traité en volumes simples contrastant avec les zones finement gravées qui restituent les écailles du reptile

Stèle du roi Serpent

E 11007
Époque thinite
(v. 3100-2700 av. J.-C.)
Abydos
Calcaire
H. 143 cm
Coll. Amélineau

ou le décor de la façade de palais. Par son style achevé, l'œuvre tranche sur la série des stèles d'Abydos, qu'elles soient royales ou privées. On en jugera par comparaison avec les petites *stèles de particuliers* qui sont exposées à proximité.

[Vitrine 4]

La salle présente des exemples du mobilier abondant et très raffiné de ces premiers rois et de leur cour : *vaisselle de terre cuite* dont les bouchons portent le nom des pharaons, précieux *vases* en albâtre, en cristal ou en diorite, parfois rehaussés d'or, et déposés par centaines près du défunt ; des *supports en forme de pattes de taureau* (E 11019A et B), en ivoire, des objets de toilette, des bijoux, des têtes de massues, et jusqu'à un *échiquier en faïence* (E 29891), avec ses *pions* en forme de lion, ou de maison. Vases, outils et armes de cuivre témoignent de la maîtrise acquise dans le travail du métal.

Patte de taureau

E 11019 A et B
Époque thinite
(v. 3100-2700 av. J.-C.)
Abydos
Époque thinite
Ivoire d'éléphant
H. 16,4 cm
Coll. Amélineau

[Vitrine 5]

La *stèle double des dames Nytoua et Nitneb* (E 27157), datant de la fin de la période, est l'une des plus anciennes représentations du repas funéraire, nécessaire à la survie dans l'au-delà ; son style est caractéristique des reliefs archaïques trouvés dans les tombes de Saqqara et d'Hélouan : simplicité des formes, fond entièrement creusé mettant en évidence un relief sur un plan, presque dépourvu de modelé si l'on excepte le visage. Sculptée dans de l'ivoire, une *statuette de femme* (E 14205) d'une rare finesse vient s'inscrire en contrepoint de ces effigies un peu rudes.

Stèle double des dames Nytoua et Nitneb

E 27157
2e-3e dynastie (v. 2900-2620 av. J.-C.)
Saqqara sans doute
Calcaire
l. 48 cm ; H. 31 cm ; Ép. 10 cm
Coll. du comte de Saint-Ferriol

Tablette de bois portant le nom du roi Den

E 25268
Abydos
Ire dynastie
Bois
l. 7,6 cm ; H. 6,35 cm ; Ép. 0,65 cm
Coll. Amélineau

[Galerie d'étude]

Avec son accumulation de grands vases en terre cuite, de récipients en pierre, de jarres à vin, de couteaux en silex et d'objets en cuivre, la galerie d'étude révèle la richesse de la collection thinite. L'écriture hiéroglyphique y apparaît sur de nombreux documents, comme les *sceaux-cylindres* qui étaient utilisés pour estampiller les marchandises, ou une rare *tablette en bois* au nom du roi Den (E 25268).

22 L'Ancien Empire (v. 2700-2200 avant J.-C.)

Le Scribe accroupi

[Vitrine 3]

Les *trois grandes statues de la dame Nésa et du haut fonctionnaire Sépa* (N 37, N 38, N 39) sont contemporaines du pharaon Djéser, pour qui fut édifiée la première pyramide, une pyramide à degrés faite de blocs calcaires. Construite vers 2700 av. J.-C., elle marque le début d'une période de trois siècles qui figure parmi les plus glorieuses de l'Égypte, celle de l'Ancien Empire. Elle est dominée par des pharaons illustres – Khéops, Khéphren, Mykérinos en sont les plus fameux – qui font édifier de fantastiques pyramides en pierre près de Memphis, leur capitale. Nos connaissances sur cette période reposent essentiellement sur les monuments funéraires et le matériel livré par les nécropoles, dont les plus importantes sont concentrées dans la région du Caire à Giza, Abou Roach, Saqqara, Abousir. C'est de là que proviennent également les plus anciens papyrus, comme ceux d'Abousir qui sont partiellement conservés au Louvre.

Les *statues de Nésa et de Sépa,* presque de grandeur nature, sont sculptées dans du calcaire coquillier qui conserve d'abondantes traces de couleur : noir des perruques et des yeux, vert des bracelets et de la bande de fard soulignant les yeux. Elles se caractérisent par une massivité qu'accentuent des éléments tels que l'absence de cou, la raideur des bras collés le long du

Sépa et Nésa

N 37, N 38
3e dynastie (v. 2700-2620 av. J.-C.)
Saqqara-nord sans doute
Calcaire
N 37 (l. 40 cm ; H. 165 cm ; Pr. max. 55 cm)
N 38 (l. 44 cm ; H. 169 cm ; Pr. max. 50,5 cm)
Coll. Mimaut

corps ou pliés à angle droit, l'épaisseur des jambes et des chevilles, le sceptre rabattu contre le bras, et les jambes imparfaitement dégagées. Bien que l'inscription gravée sur le socle se borne à énumérer le nom et les titres des personnages, il s'agit probablement de deux époux, le personnage masculin s'étant fait représenter deux fois sous un aspect identique.

Placés de part et d'autre de la porte d'entrée, *deux montants* contemporains (B 1 et B 2), provenant de la tombe d'Akhetâa, illustrent le même thème, mais interprété en deux dimensions. Le personnage, qui occupait un poste très élevé dans l'administration, est figuré debout selon les conventions propres au dessin égyptien : visage de profil, œil et épaules de face, jambes de profil ; il porte les mêmes emblèmes que Sépa mais son costume, à la ceinture nouée très haut, est original. La silhouette qui s'enlève avec vigueur sur le fond creusé, le contour aigu et la perruque traitée avec une minutie quasi mécanique sont caractéristiques du style de transition entre la 3e et la 4e dynastie.

[Vitrine 2]

Interprétée dans un style très différent, proche des décors de la pyramide de Djéser, la *stèle du roi Qahedjet* (E 25982) est exécutée dans un relief très bas qui s'estompe dans le fond. Une subtilité nouvelle apparaît dans le rendu du corps humain, traité par de légères gradations de surface. Coiffé de la couronne de Haute-Égypte, portant la barbe cérémonielle, le sceptre et la massue, le pharaon fait face au dieu Horus à corps humain et à tête de faucon ; l'accolade accordée au souverain par la divinité exprime bien la nature du pharaon, fils d'Horus et héritier des dieux sur terre.

[Vitrine 5]

Provenant d'une tombe de Giza, la délicate *stèle de Néfertiabet* (E 15591), fille ou sœur de Khéops, est encore revêtue de vives couleurs ; elle illustre bien la richesse et le degré de raffinement atteint par cette société très hiérarchisée autour du souverain : la princesse, vêtue d'une peau de félin, est assise sur un tabouret à pieds de taureau et tend la main vers une table chargée d'offrandes.

Stèle de Néfertiabet

E 15591
4e dynastie (v. 2620-2500 av. J.-C.)
Giza
Calcaire peint
l. 52,5 cm ; H. 37,7 cm ; Ép. 8,3 cm
Coll. Curtis

[Vitrine 4]

Parée de ses insignes royaux, coiffure némès et cobra, la magnifique *tête,* en grès silicifié, *figurant Didoufri* (E 12626), successeur de Khéops, fait revivre cette lignée de pharaons demi-dieux.

Autour de lui, des *statues,* découvertes également dans sa pyramide d'Abou Roach, figurent des membres de sa famille : sa fille *Néferhetepès* (E 12628) et son fils *Setḵa* (E 12629) dans l'attitude du scribe.

[Vitrine 9]

Située au centre de la salle, la *fausse porte de Méri* (B 49) ornait un tombeau privé de Saqqara. Passage entre le monde des morts et celui des vivants, c'était un lieu de culte devant lequel les prêtres funéraires venaient déposer les offrandes. La niche présente l'aspect d'une porte, au sommet de laquelle un cylindre en pierre gravé au nom du mort évoque le store de vannerie qui la ferme. Au-dessus, un tableau représente le défunt prenant son repas. Sur le montant conservé, une grande image de Méri est sculptée ; elle est surmontée d'une liste impressionnante de titres dont le principal

Fausse porte de Méri

B 49A, B 49B, B 49C
Milieu de la 4e dynastie (v. 2620-2500 av. J.-C.)
Saqqara-nord
Calcaire
l. 162 cm ; H. 59 cm

équivaut à celui de « ministre des finances ». Dans l'embrasure, sa femme est figurée en compagnie de leur fils. Au-dessous, un prêtre funéraire présente des aliments tandis qu'un scribe enregistre l'offrande apportée au défunt lors de différentes fêtes.

Scribe accroupi

E 3023
4e dynastie sans doute
(v. 2620-2500 av. J.-C.)
Saqqara
Calcaire, cristal de roche, magnésite, cuivre
l. 44 cm ; H. 53,7 cm ; Pr. max. 35 cm

[Vitrine 10]

Joyau des collections du Louvre, le *Scribe accroupi* (E 3023) témoigne de la perfection atteinte par les sculpteurs de l'Ancien Empire il y a plus de quatre mille ans. Chacun s'accorde à admirer la composition rigoureuse de ce chef d'œuvre, la simplicité des volumes, la délicatesse du traitement des mains, l'étonnante vivacité des couleurs que quatre millénaires n'ont pu altérer : ocre rouge de la carnation, noir ébène de la chevelure, blanc éclatant du pagne de lin. Mais sa célébrité, la pièce la doit avant tout à l'expression attentive du visage intelligent, animé par deux yeux incrustés de quartz.

Assis en tailleur, un rouleau de papyrus sur les genoux, les doigts repliés sur un pinceau aujourd'hui disparu, ce personnage anonyme semble prêt à enregistrer les consignes de quelque haut dignitaire. Le visage attentif de ce haut fonctionnaire symbolise à merveille le pouvoir de ceux qui maîtrisent l'écriture hiéroglyphique, outil nécessaire à une administration désormais complexe et centralisée. La statue découverte par Mariette à Saqqara fut donnée en partage de fouilles par le gouvernement égyptien en même temps qu'une série de sculptures figurant des fonctionnaires de l'Ancien Empire, dont la plupart sont exposées dans la salle suivante.

[Vitrine 13]

Ce sont l'*administrateur Kaï* (E 3024), dont les yeux sont également incrustés, et les quatre effigies du *chef des scribes des champs Sekhemka* montré sous différents aspects (E 3021, E 3026, E 3025, et E 3022).

[Vitrine 14]

Encore rehaussé de couleurs, le délicieux *couple de Raherka et Merseânkh* (E 15592) illustre bien l'importance du lien familial dans l'Égypte ancienne. Les statues de couple et les groupes familiaux sont un thème habituel dans la statuaire égyptienne. Au-delà de la tendresse humaine, ils éternisent un statut social, gage de stabilité, et l'assurance d'une descendance nécessaire au culte funéraire.

Couple en bois

N 2293
6e dynastie sans doute
(v. 2350-2200 av. J.-C.)
l. 33 cm ; H. 69,5 cm ;
Pr. max. 15 cm ; H. base 5,5 cm
Coll. Salt

Relief dit « de la famine »

E 17381
Fin de la 5e dynastie sans doute
(v. 2500-2350 av. J.-C.)
Saqqara probablement
Calcaire
l. 20 cm ; H. 38 cm ; Ép. 1,4 cm

Garçonnet nu

E 322
6e dynastie
(v. 2350-2200 av. J.-C.)
Ivoire
H. 14,2 cm
Coll. Clot bey

[Vitrine 17]

Célèbre à juste titre, un autre groupe introduit à la sculpture de la fin de l'Ancien Empire. Il s'agit d'un *couple d'époux* représentés debout (N 2293), en bois d'acacia. Il séduit par l'expression vivante de l'homme au regard malicieux et à la bouche trop grande soigneusement modelée. Beaucoup plus petite, la femme paraît se blottir contre son compagnon. Le gauchissement du bois donne un élan inhabituel au couple, qui semble véritablement marcher, et l'altération du matériau confère à cette œuvre exceptionnelle une légèreté fragile qui renforce son charme.

[Vitrine 15]

Beaucoup plus précisément daté, le *relief dit « de la famine »* (E 17381) témoigne de l'expressivité caractéristique à la période. Il provient de la pyramide d'Ounas, dernier roi de la 5e dynastie, et figure des Bédouins prostrés, d'une maigreur extrême. L'artiste a su rendre avec un réalisme saisissant le drame de la faim : joues émaciées, clavicules saillantes, épaules creuses et torse barré de lignes parallèles soulignant les côtes. De telles scènes apparaissent dans d'autres pyramides de la 5e dynastie ; plutôt que la commémoration d'un événement précis, il faut y voir la manifestation de la toute-puissance du pharaon et de la prospérité de l'Égypte, qui contraste avec la détresse de ses remuants voisins.

[Vitrine 19]

Dans cette vitrine de vases, on admirera un *récipient globulaire* (E 32372) au nom du même souverain, dont le décor gravé figure un serpent tenant un signe de vie. Tout près, parmi les rares statuettes d'ivoire, un *garçonnet nu* (E 322) est particulièrement remarquable. La silhouette potelée, le cou court, le ventre dodu creusé d'un nombril rond et la notation des fossettes lombaires restituent de manière exceptionnelle les caractères de la petite enfance. Bien que le modelé soit sommaire, les ongles sont délicatement sculptés et certains détails, comme les yeux, sont rehaussés de peinture noire.

[Galerie d'étude]

On trouvera ici une abondante collection de *fausses portes* du même type que celle de Méri, ainsi que des *bas-reliefs* provenant de tombes ; celui au nom de Néfermâat (B 78) offre une intéressante technique d'incrustation des couleurs, abandonnée à la fin de la 4e dynastie. Parmi les statues, le *pseudo-groupe d'Itisen* (N 44) est un exemple rare d'un type figurant le même personnage en plusieurs exemplaires. Dans le *matériel funéraire,* des vases en pierre et en terre cuite nécessaires pour le rite de l'« ouverture de la bouche » sont en bonne place ainsi que des *appuis-tête* (ou *chevets*), dont un bel exemplaire d'ivoire au nom de Pépi II (N 646) est exposé dans l'espace de sélection.

Appui-tête de Pépi II

N 646
6e dynastie (v. 2350-2200 av. J.-C.)
Ivoire ?
l. 19,1 cm ; H. 21,8 cm ; Ép. 7,8 cm

23 Le Moyen Empire (v. 2033-1710 av. J.-C.)

Après une période obscure, au cours de laquelle l'Égypte a connu le morcellement du pouvoir et l'invasion des Bédouins, des rois rétablirent l'unité. L'époque des souverains Montouhotep, Sésostris et Amenemhat, avec les 11e et 12e dynasties, constitue le Moyen Empire. Sans rupture, les rois de la 13e dynastie continuent l'œuvre précédente jusqu'à l'invasion des Hyksôs. Les monuments réunis ici couvrent cette période de trois cent cinquante ans.

Les noms des rois indiquent leur origine thébaine, au sud de l'Égypte, où ils inaugurent un grand centre religieux. Montou, dieu de la guerre et des triomphes, est un dieu local. Amon prend une importance décisive à la 12e dynastie. Sésostris, littéralement l'« homme de la déesse Ouseret », prend le nom d'une divinité de Thèbes qui n'a jamais connu une grande popularité.

La *tête royale coiffée du némès* (E 10299) atteste l'énergie des rois de cette période. Sans pouvoir l'identifier précisément, les traits du visage, la forme de l'uræus et la coiffure indiquent le début du Moyen Empire. Les yeux incrustés dans la pierre noire (grauwacke) laissent une forte impression (mais l'œil droit est restauré !).

Sur le *bas-relief* (C 252) exposé dans la vitrine 3, un roi Montouhotep, sans nom de couronnement, porte la couronne rouge du Nord et accueille des notables.

Coffret et sceaux-cylindres du roi Nebhepetrê Montouhotep

E 25685 à E 25688
Albâtre et schiste, bronze, argent et électrum
L. du coffret 9,8 cm ; L. max. des sceaux 6,6 cm
Acquis en 1967

La vitrine 2 rassemble des objets royaux d'un grand intérêt historique. Le *brasero au nom du roi Khéti* (E 10501), provenant de Meir, et dont le nom en hiéroglyphes ajourés sert de décor, mentionne le souverain d'Hérakléopolis, qui vécut pendant la période où coexistaient plusieurs dynasties, vers 2100 av. J.-C., avant la réunification de l'Égypte. Le fond du récipient en treillage laisse croire qu'il s'agit d'un grill pour des offrandes. La *palette de scribe* en bois incrusté d'argent (E 10500) est un cadeau du roi Merikarê à son chancelier du Sud, de la même période que l'objet voisin. Les restes d'encre noire et rouge dans les cupules montrent qu'elle dut effectivement servir. En outre, les *trois sceaux-cylindres* en bronze et en argent (E 25686, E 25687, E 25688) appartiennent au roi Nebhepetrê Montouhotep, le pacificateur du « Pays » pendant son long règne qui dura cinquante ans. Rares en Égypte, les sceaux furent trouvés avec le *coffret d'albâtre* (E 25685). Montouhotep érigea le premier temple dans le cirque de Deir el-Bahari, à Thèbes, avant le célèbre monument de la reine Hatchepsout.

Or, c'est de l'une de ses chapelles que provient le *fragment de relief* avec une porteuse d'offrande (E 11366), destiné au culte des princesses enterrées sous la structure architecturale. Les rois de la 12e dynastie ne suivent pas son exemple et, dans la tradition de l'Ancien Empire, érigent leurs pyramides au Nord, à Licht et à Dachour. Montouhotep annonce cependant les temples grandioses du Nouvel Empire et le choix futur de la Vallée des Rois.

Le vase porté par la servante ressemble à des *vases en pierre dure* présentés dans la vitrine 15. À part celui en albâtre en forme d'*oie troussée* (E 11175 *bis*), tous sont de petite taille et de formes simples, et durent servir à la toilette ou accompagner le défunt dans l'au-delà. Le matériau faussement nommé « marbre bleu » dans lequel certains vases sont taillés est de l'anhydrite de couleur parme, très en vogue à cette période, qui passe pour être extraite dans la région d'Abydos. L'un de ces petits vases, au nom du *général Médouḳa, fils d'Antef* (E 25431), est un rare témoin inscrit.

Sous les premiers pharaons du Moyen Empire, les nomarques (gouverneurs d'un nome, une division administrative) qui exercent des pouvoirs étendus se font enterrer en grande pompe dans leur lieu d'origine.

Statue du chancelier Nakhti

E 11937
Début du Moyen Empire
(v. 2033-1710 av. J.-C.)
Assiout, fouilles Chassinat-Palanque
Acacia, restes de peinture ocre
et noire
H. 179 cm ; Pr. 107 cm
Don de l'Égypte en 1903

Les *statues provenant d'Assiout,* en Moyenne-Égypte, aux noms du chancelier Nakhti et du nomarque Hâpidjéfaï sous Sésostris Ier, marquent la mesure de leur importance. Taillées toutes deux dans l'acacia, la première garde la raideur du tronc de bois, la seconde, complétée avec des pièces d'assemblage pour combler les nœuds du bois, était entièrement recouverte d'enduit et de peinture. Seuls, le bas du visage juvénile et les lèvres sculptées en léger retrait montrent la qualité de ce colosse de bois. Placées dans les niches de la tombe pour être habitées par l'âme du défunt, les statues recevaient un culte funéraire, qui, selon les textes gravés dans la tombe d'Hapidjefaï, était entretenu par des fondations liées par des contrats juridiques.

Généralement, la roche très friable dans laquelle étaient creusées les tombes rupestres ne pouvait pas recevoir de bas-relief ou de décor peint. Aussi les scènes que l'on observait sur les mastabas de l'époque antérieure sont-elles reproduites en bois. Une série de modèles, sculptés et peints, restitue alors les activités quotidiennes, et remonte ainsi toute la chaîne alimentaire pour assurer au défunt son repas éternel. (Se reporter au modèle de grenier vu dans la salle 14.) La *porteuse d'auge* (E 10781), exemplaire par ses dimensions et la fraîcheur de la polychromie, montre l'influence du matériau sur l'élégance de la silhouette, svelte et élancée. Elle personnifie en réalité, par l'attitude de la servante qui apporte une cuisse de bœuf et un vase à eau, une fondation funéraire dont les revenus procurent au défunt le nécessaire.

Porteuse d'auge

E 10781
Début du Moyen Empire, fin de la 11e ou début de la 12e dynastie
Ficus stuqué et peint
H. 108 cm
Acquise en 1899

Des statuettes de toutes tailles accompagnaient la momie, servant de réceptacle potentiel à l'âme du mort. Issues de Moyenne-Égypte, elles sont fabriquées dans les essences locales, comme l'acacia et le tamaris et rehaussées de polychromie pour imiter la réalité. Le *notable vêtu d'une jupe longue* (E 26019), aux yeux couleur noisette, est coiffé d'une perruque d'apparat ; il se tient debout sur un socle peint qui rappelle l'ébène sombre orné de cornières d'or. De jolies *statuettes féminines en ivoire* (N 3892 et E 14697) appartenaient également à de nobles défuntes, vêtues selon la mode du Moyen Empire, de robe plissée et gaufrée aux bretelles larges. L'ivoire gris obtenu par chauffage bien maîtrisé à cœur semble, dans un raffinement d'effet de matière, être recherché peut-être par imitation du marbre bleu d'Abydos. La plus petite, coiffée de la perruque bouclée hathorique, reprend les proportions moins étirées qui caractérisent la fin de la 12e dynastie. Les statues féminines nues, également déposées dans la tombe, en ivoire, en bois ou en faïence, plus qu'un portrait de femme, passent pour figurer le principe féminin qui permet au défunt de garder dans l'au-delà toutes ses fonctions. Dans la vitrine 5, la *statue féminine aux pouces cassés* (E 12003), parée de bijoux peints, était en réalité revêtue d'une cape de lin qui fut perdue au moment de la trouvaille.

Dans la vitrine 6, les *concubines,* les jambes jointes coupées aux genoux, l'abdomen orné d'une ceinture de coquilles de cauris, étaient plus souvent réalisées en faïence bleue, matière brillante qui rappelle la couleur de la turquoise. De même technique, les *hippopotames,* uniques à cette période, d'apparence débonnaire et comme se glissant au milieu des marais, servaient en réalité de prise de possession des forces négatives que l'animal manifestait en détruisant les moissons. À nouveau, c'est la transcription en trois dimensions des chasses à l'hippopotame sculptées sur les mastabas de l'Ancien Empire.

Le Moyen Empire connut un fait religieux d'une grande ampleur : le privilège pour chaque individu de se placer sous la protection du dieu Osiris à Abydos, avec la certitude de ressusciter à son tour. Il devenait essentiel de réaliser le pèlerinage auprès du dieu des morts et de déposer une stèle à son nom.

En vitrine 4, la *stèle d'Abkaou* (C 15), dans une composition serrée aux reliefs dégagés dans le creux,

Statuette d'hippopotame

E 7709
Début du Moyen Empire
(v. 2033-1710 av. J.-C.)
Peut-être de Dra Aboul Naga, Thèbes
Faïence bleue
H. 12,7 cm ; L. 20,5 cm
Acquise en 1883

figure de façon exceptionnelle, au-dessus de la scène du repas funéraire, le déroulement d'un rite de renaissance du mort.

Dans les vitrines 11 et 12, les *stèles,* le plus souvent dressées comme des pancartes, affichent avec ostentation l'image du défunt seul devant une table d'offrandes bien chargée. La composition très ordonnée résume l'essentiel : le défunt est debout comme une statue ou les mains levées en prière, les victuailles sont rangées par séries comme sur la *stèle de Sénousret* (C 174), enfin est inscrite la formule d'offrande, parfois complétée d'un « Appel aux vivants » qui assure, par magie imitative, la nourriture pour l'éternité. Hor est figuré sur *deux stèles* (C 2, C 34) ; l'une, monumentale, est datée du règne de Sésostris Ier ; elle indique ses hautes fonctions, sans limites géographiques, puisque, chancelier de Basse-Égypte, et inspecteur des prêtres de la pyramide d'Amenemhat Ier, il est en même temps prêtre de Montou, maître de Thèbes. Proche du roi et chef de la Cour, Hor suit pharaon dans ses pérégrina-

Stèle de Hor

C 2, N 156
Début de la 12e dynastie, règne de Sésostris Ier (1934-1898 av. J.-C.)
Calcaire
H. 155 cm ; l. 64 cm

tions de la Résidence, située à Ittytaouy près de Licht, à Thèbes où Sésostris Ier érigea la Chapelle blanche, le joyau d'architecture de cette époque.

Le *monument de Méri, Hotepouy et Khéti* (C 19) montre une composition qui joue sur la symétrie apparente. Les chevelures rousses des personnages demeurent rares dans l'art égyptien. Les trois hommes, identiques mis à part de menus détails, n'ont aucun lien de parenté. Seule, leur fonction de « chancelier adjoint » les rassemble.

Parfois, le pèlerin d'Abydos dressait un monument pour sa famille et toute sa maisonnée. La *stèle de Sakherti* (C 196) montre ce dernier assis près de sa femme, entraînant avec lui ses propres parents, ses six frères et sœurs, ainsi que six serviteurs, deux joueuses de sistre, un brasseur. L'image respecte la hiérarchie, chacun est à sa place dans l'attitude juste. De cette façon, tous accèdent à la proximité du dieu des morts, et le « dépôt sacré » s'ouvre, au cours de la 12e dynastie, à toutes les couches de la société. La pancarte simplifiée sur la *stèle de Sénousret et Sathathor* (C 22) s'intègre au décor de fausse porte, par laquelle le mort vaque librement du monde des morts au monde des vivants. Chaque stèle était rehaussée de peintures : carnations ocre rouge ou jaune, légumes verts, hiéroglyphes souvent bleus ou verts sont ainsi révélés par les restaurations récentes des *stèles de Sénousret* (C 21) et de *Sasatet* (C 5).

Les *stèles d'Imenyséneb* (C 11 et C 12), contrôleur d'équipes d'Abydos sous le roi Khendjer à la fin du Moyen Empire, racontent de la façon flatteuse qui convient les « restaurations de toutes les chapelles et la rénovation des autels » qu'il exécuta, pour lesquelles le « roi l'a récompensé ». Ici, la grande image du dieu Oupouaout à tête de chacal, qui veille sur la nécropole, et la protection des dieux Osiris, Ptah et Oupouaout, figurés dans le cintre de la seconde stèle, montrent l'apparition de figures divines, ce qui reflète bien l'évolution de la pensée religieuse.

Fragment de statue du roi Sésostris III

E 12962
Médamoud
Diorite
H. 15,5 cm
Don de l'Égypte en 1927

La fin de la 12e dynastie marque l'apogée du Moyen Empire. Les rois énergiques Sésostris III et Amenemhat III connurent de longs règnes, pendant lesquels ils réorganisèrent l'administration du « Pays », réalisèrent des campagnes en Nubie pour asseoir leur autorité, envoyèrent de nombreuses expéditions dans les carrières, et mirent en valeur le Fayoum. La personnalité de *Sésostris III* (E 12960, E 12961) inspira des portraits en diorite, qui furent déposés dans le temple dédié au dieu Montou à Médamoud, situé au nord de Thèbes. Partagées entre les musées du Caire et du Louvre, les statues assises, coiffées dans la tradition du némès et vêtues du pagne chendjit, présentent le souverain à différents âges de la vie. Ce programme, réalisé en une fois, ne correspond pas à des portraits réels mais livre peut-être l'image de la participation du roi au cycle du soleil, et sa victoire sur le temps. Les deux physionomies sont placées devant un *linteau de porte* (E 13983) du même site, où le roi apparaît jeune et plus âgé. Dans une composition rigoureuse, le souverain offre des pains au dieu Montou, les hiéroglyphes sont orientés dans le sens de leur marche, le dieu entraînant dans ses pas la liste des cadeaux traditionnels « de vie, de santé et de force ». Le disque ailé plane au-dessus des images et des cartouches du roi. Sur les statues, l'artifice du visage buriné, aux rides profondes, s'oppose en réalité au torse vigoureux et svelte. Les traits autoritaires sont caractéristiques du roi, et la majeure partie de ses effigies le représentent ainsi avec réalisme. Un *visage fragmentaire de Médamoud* (E 12962) montre le talent des artisans, qui parvient à suggérer une mobilité au visage figé dans la diorite. Moins créatif, le *visage en grès* (E 25370), provenant d'Hérakléopolis, s'inspire du stéréotype : paupières lourdes et lèvres tombantes. La *tête coiffée de la couronne blanche* (E 12924), généralement attribuée à un roi de la 13ᵉ dynastie, peut correspondre, en raison de plusieurs indices, à un pilier osiriaque de Sésostris III. Le *roi Amenemhat III*, quant à lui, est reconnaissable par un visage définitivement rajeuni, avec une bouche aux commissures relevées. Dans la vitrine 16, les *deux statuettes fragmentaires* seraient des portraits de ce roi. Celle en schiste (N 464) le montre arborant un poignard, inédit à cette époque. Celle en calcaire de travertin (E 10938) est la tête qui, si l'on considère la retombée horizontale du catogan du némès, complétait une statue de sphinx.

Sur la statue qui provient du temple de Crocodilopolis – principal centre de l'oasis du Fayoum, dont le projet d'aménagement est achevé durant le règne d'Amenemhat III, son grand prêtre *Amenemhatânkh* – (E 11053) copie l'expression calme de son roi.

Khâneferrê Sébekhotep IV (A 17), de la 13e dynastie, affirme de façon originale sa protection au dieu local Hémen de Mo'alla, au sud de Thèbes. Le visage rude aux oreilles larges sur les pans du némès continue la mode de la 12e dynastie, mais contraste avec l'académisme du colosse du même roi (salle 12 [A 16]). Son *vizir Néferkarê-Imérou* (A 125) reçut la faveur royale de déposer sa statue à Karnak, à l'occasion de la cérémonie de l'ouverture d'un canal. La robe dans laquelle il est engoncé, retenue par une cordelette serrée autour du cou, indique sa fonction, chef de la ville, et vizir.

La petite statuaire n'était pas destinée à être enfouie dans la tombe mais à être déposée en ex-voto dans les sanctuaires : la main posée en signe de respect sur la poitrine – comme on peut le voir sur *deux statues* (E 11216 et E 22754) ainsi que sur celles de *Idy* (E 17332), et de *Senpou* (E 27253) –, ou la *statuette de Iaÿ* (N 870) – figuré dans l'attitude du scribe – et les hiéroglyphes tournés vers le dévot de passage peuvent l'indiquer. La vitrine 18 rassemble – hormis les deux exemplaires en bronze – des statues provenant du sanctuaire d'Osiris à Abydos, celles-ci étant plus répandues à la fin du Moyen Empire, comme pour supplanter l'abondance des stèles du début de la période. Le *groupe familial de Senpou* (E 11253) montre la combinaison de la stèle, d'où jaillissent les statuettes, et de la table en pierre chargée de victuailles, actualisée par les formules d'offrande gravées sur chaque espace libre. Le choix vestimentaire de tous ces personnages atteste à la fin du Moyen Empire une prédilection pour les jupes longues empesées et le manteau, qui favorisent des volumes simples. Enfin, la statuaire en bronze, qui apparaît en Égypte à cette période, montre à la fois l'influence de la statuaire en bois sur les assemblages et une grande diversité de techniques, telles que l'incrustation et le filigrane. De plus, selon ce qu'a révélé l'analyse de la *petite figure de femme* (E 16267), ainsi que celle des sceaux-cylindres de Montouhotep (vitrine 2), dès le début de cette période, le plomb est déjà présent dans la composition de l'alliage ; il permet de baisser le point de fusion.

Le Moyen Empire, qui donne l'image d'un grand équilibre, et qui crée des formes et des compositions mesurées demeure la période classique qui servira de modèle par la suite.

Statue d'Amenemhatânkh

E 11053
Fin de la 12e dynastie, règne d'Amenemhat III
(1843-1798 av. J.-C.)
Fayoum
Grès
H. 72 cm
Acquise en 1904

24 Le Nouvel Empire, de la reconquête à Aménophis III (v. 1550-1353 av. J.-C.)

L'Égypte connut, à la Deuxième Période intermédiaire, la première occupation étrangère importante de son histoire. Les Hyksôs, venus du Proche-Orient, avaient en effet créé un État entre le sud de la Palestine et la Moyenne-Égypte, dont la capitale était à Avaris, dans le Delta oriental. La majeure partie de la Haute-Égypte demeurait contrôlée par une lignée de souverains thébains (17e dynastie). Au terme d'une longue lutte, Ahmosis, roi de Thèbes (v. 1550-1525), parvint à réunifier le pays, fondant ainsi la 18e dynastie et donc le Nouvel Empire. Alors s'ouvrit l'une des phases les plus brillantes, et les plus célèbres, de l'histoire égyptienne. Les rois d'Égypte, non contents d'avoir libéré leur pays de l'influence hyksôs, se lancèrent à l'assaut de leurs voisins d'Asie, de Nubie, et, dans une moindre mesure, de Libye, pour les placer sous leur contrôle permanent. La Nubie fut rapidement dotée d'une sorte de vice-roi (le « fils royal de Kouch »), placé à la tête d'une importante administration, et subit une colonisation en profondeur, contrairement à la Syrie-Palestine, dont les liens avec l'Égypte demeurèrent plus lâches. L'expansion militaire entraîna un afflux de richesses, mais aussi d'étrangers, qui importèrent en Égypte coutumes et croyances d'origine asiatique. Cette situation favorisa l'émergence progressive d'une classe de militaires, instruments de la conquête, et surtout de prêtres, grands bénéficiaires des produits de la guerre, comme en témoignent aujourd'hui encore les temples gigantesques de Karnak et de Louxor. La salle 24 concerne la première partie de la 18e dynastie, des origines au règne d'Aménophis III (v. 1550-1353), phase ascendante du Nouvel Empire.

[Vitrine 1]

Iâhmès, membre de la famille royale thébaine, nous a légué la plus grande *statue* (E 15682) conservée de cette époque. Sa technique impeccable, alliée à un respect presque rigoriste des conventions traditionnelles de la statuaire égyptienne – rigidité de l'attitude, visage inexpressif, souci de ciselure des détails de la perruque, des yeux, du collier et des sandales –, témoigne d'un art héritier d'une très ancienne tradition qui n'a pas encore repris son évolution propre (se reporter au *fragment de relief* d'Aménophis Ier, galerie d'étude 1).

Statue du prince Iâhmès

E 15682
Calcaire partiellement doré
H. 103,5 cm

[Vitrine 2]

Plusieurs objets précieux évoquent ici la famille d'Ahmosis. Les *éléments d'un brassard d'archer* (E 7168) en or, au cartouche de ce roi encadré par deux lions, rappellent un objet de même nature conservé au musée du Caire. Plusieurs reines et princesses ont porté le nom de Iâhhétep : une *chevalière* en or (E 7725) est inscrite à ce nom en hiéroglyphes larges et nets, ainsi qu'une *statuette de femme* (N 446) au style fortement apparenté à celui de la statue du prince Iâhmès, et *deux pendeloques en forme du dieu Seth* (E 7659 et E 7715). Un *fragment de bas-relief* (E 11232) nous livre l'effigie de la reine Ahmès Néfertari, mère d'Aménophis Ier (v. 1525-1504), le deuxième souverain du Nouvel Empire. Ils furent l'un et l'autre honorés plusieurs siècles après leur mort, à l'époque ramesside (salle 29), comme protecteurs des cimetières de Thèbes.

[Vitrine 3]

La *stèle de Iat* (C 90) est bien représentative du début de la 18e dynastie par la simplicité de sa mise en page (importance des fonds vides) et ses hiéroglyphes aux contours très linéaires. La *stèle de Pentchény* (C 211) atteste au contraire un stade un peu plus récent – texte plus dense, figuration d'Osiris dans sa chapelle –, que l'on peut situer vers Thoutmosis III.

Après la libération proprement dite du territoire égyptien s'ouvrit une période d'expansion militaire de l'Égypte entre les règnes de Thoutmosis Ier et d'Aménophis II (v. 1504-1401). Cette politique atteignit son point culminant sous Thoutmosis III (v. 1479-1425), le pharaon qui fit graver sur les murs du temple d'Amon-Rê à Karnak le récit de ses campagnes et le butin qu'il en rapporta (les *Annales*, salle 12). Son règne éclatant avait pourtant commencé sous de mauvais auspices, puisque la « cohabitation » avec sa tante, la reine Hatchepsout, l'avait relégué au second plan durant de longues années. L'époque de Hatchepsout avait marqué une pause dans cet élan guerrier. La reine s'était essentiellement préoccupée d'expéditions au lointain pays de Pount pour y chercher l'encens, et avait fait édifier de vastes et splendides sanctuaires, magnifiquement décorés, dont le temple de Deir el-Bahari est l'exemple le plus célèbre. La sculpture connut également un épanouissement remarquable sous son règne.

Tête de Hatchepsout ou de Thoutmosis III, élément d'un groupe

E 10969
Granite rose
H. 42 cm

[Vitrine 4]

Le *petit sphinx* en bronze incrusté d'or (E 10897), un élément de serrure, est le seul des trois objets réunis ici qui puisse avec certitude être attribué à Thoutmosis III, grâce à son cartouche. L'objet est d'autant plus remarquable que la technique est peu attestée avant la Troisième Période intermédiaire. La grande *tête en granite rose* (E 10969) présente les traits caractéristiques des effigies de la reine Hatchepsout ou de son successeur, Thoutmosis III – visage triangulaire, dessin du fard des yeux et des sourcils –, dont le style est très similaire. Le souverain avait probablement à sa gauche un autre personnage, épouse ou divinité. La *statuette* en jaspe rouge (E 5351) représentait Thoutmosis III ou son successeur, Aménophis II, dont le dos prend l'aspect d'un faucon – les ailes repliées sont encore bien visibles sur les côtés –, une transposition plastique de l'assimilation du roi au dieu Horus qui est bien attestée sur d'autres effigies royales contemporaines.

[Vitrine 5]

Cette vitrine regroupe des objets ayant appartenu à d'importants dignitaires contemporains de Hatchepsout et Thoutmosis III. La *statuette du « grand intendant » Senmout en arpenteur* (E 11057) est le seul témoin conservé au Louvre de ce très puissant personnage au service de la reine. Le général Djéhouty, astucieux stratège de Thoutmosis III, qui s'empara de Jaffa grâce à une ruse mémorable dont un conte égyptien se fit l'écho, est ici évoqué par *deux coupes à fond plat,* l'une en or (N 713) et l'autre en argent (E 4886), qui présentent chacune un décor concentrique de poissons nageant sous des papyrus. La forme de cette coupe à bord droit est également attestée à Ougarit (*patère de la chasse* [AO 17208], département des Antiquités orientales, salle B, vitrine 8). Le *vase* d'albâtre (N 1127) porte sur sa panse un souhait d'abondance en faveur du défunt général. D'autres éléments du matériel funéraire de Djéhouty sont conservés aux musées de Turin, Leyde et Darmstadt.

[Vitrine 6]

Cette stèle, réalisée pour le « premier rapporteur du portail », Antef, était probablement placée dans la cour à ciel ouvert de sa tombe, qui fut l'une des plus importantes de Dra Abou'l Naga (tombe n° 155). Dans le cintre, le défunt est deux fois représenté devant sa table d'offrande ; il surmonte un texte qui donne, outre les formules funéraires traditionnelles, une interminable liste de louanges. Certaines d'entre elles apportent de précieuses indications sur les fonctions du titulaire. Il apparaît ainsi que le « rapporteur du portail » devait renseigner le roi sur l'état de l'Égypte et de ses possessions asiatiques, cela dans un but fiscal. Il fut également responsable de l'entretien des palais du roi en pays conquis, et de la gestion des domaines dont le revenu leur était affecté.

Stèle du « rapporteur du portail » Antef

Dra Abou'l Naga (tombe n° 155)
C 26
Calcaire
H. 175 cm

Après les conquêtes de Thoutmosis III s'ouvrit une période de pacification (Aménophis II, v. 1425-1401) puis de grande stabilité intérieure de l'empire (Thoutmosis IV, v. 1401-1391, et Aménophis III, v. 1391-1353). Cette « paix égyptienne » favorisa une très brillante éclosion artistique, dans tous les domaines.

[Vitrine 7]

Une *tête de sphinx* en quartzite rouge (E 10896) daterait d'Aménophis II, si l'on en juge par le style. La *tête* en diorite (E 10896) d'un roi portant la couronne bleue, caractéristique des pharaons du Nouvel Empire, pourrait figurer Thoutmosis IV, d'après le traitement des yeux en amande.

Buste de Thoutmosis IV

Ce *buste royal* (E 13889), de facture très « classique », a fort peu de choses en commun avec l'effigie de la vitrine 7, si ce n'est peut-être le traitement des yeux en amande. Provenant de Médamoud, au nord de Thèbes, il a récemment retrouvé son identité grâce à la partie inférieure de cette même statue, restée *in situ,* dont la ceinture livre le cartouche de Thoutmosis IV. L'aspect triangulaire du visage évoque très nettement la statuaire de ses prédécesseurs, et montre par là même une permanence de style, indépendante d'un quelconque souci de portrait.

Torse de Thoutmosis IV

E 13889
Médamoud
Granite rose
H. 73 cm

[Vitrine 8]

La vitrine en cimaise abrite trois œuvres majeures qui illustrent l'art de la sculpture privée au cours des règnes d'Aménophis II et de Thoutmosis IV. Le *groupe de Sénynéfer et de sa femme* (E 27161) marque la transition entre l'austérité des débuts de la 18e dynastie, qui survit encore ici dans la robe très traditionnelle de la dame, et un goût naissant du luxe qui affecte les perruques, très caractéristiques de la mode en vigueur sous Aménophis II. On observe de mêmes coiffures sur le petit *groupe de Kaemimen et Merytrê* (E 10443), de facture très soignée, qui provient sans doute de la tombe de ces personnages à Thèbes-ouest (non localisée aujourd'hui). Membre important de la hiérarchie administrative du temple d'Amon, Kaemimen avait obtenu pour son culte funéraire d'importants virements d'offrandes alimentaires en provenance du temple funéraire de Thoutmosis III, selon l'inscription gravée sur les pagnes des personnages. On remarque le martelage systématique du nom d'Amon, perpétré à l'époque amarnienne (salle 25).

Groupe de Kaemimen et Merytrê

E 10443
Probablement nécropole thébaine
Calcaire peint
H. 48 cm

Statue de Manakhtef
La *statue cube* de l'« échanson royal » Manakhtef (E 12926) provient du temple de Médamoud et porte le cartouche d'Aménophis II. Elle se distingue par la disposition, assez rare, des inscriptions sur la face avant – les deux lignes horizontales comprenant la liste des offrandes sont mises en facteur commun pour les huit colonnes verticales énonçant les noms et titres du personnage. L'inscription du côté gauche donne le chapitre 106 du *Livre des morts,* tandis que le flanc droit livre de rares indications sur la fonction d'une statue de temple, censée participer aux fêtes religieuses et bénéficier des offrandes, comme le faisait Manakhtef de son vivant.

[Vitrine 9]

Elle est consacrée aux effigies d'Aménophis III, dont la *tête* en diorite (A 25) constitue l'un des meilleurs exemples de la sculpture officielle de ce temps. Le « style Aménophis III » – visage d'aspect très juvénile, yeux en amande, bouche charnue, surface de la pierre très polie – trouve ici l'une de ses expressions les plus accomplies. La couronne, piquetée, a vraisemblablement été préparée pour recevoir une peinture bleue. Les trois *fragments de peinture* (N 521A, N 521B, E 13100), qui proviennent de la tombe du pharaon dans la Vallée de l'Ouest (n° 22), présentent les mêmes caractéristiques.

[Vitrine 10]

La *stèle de Paser* (C 80) reprend le vieux modèle de la fausse porte en l'adaptant : le détail des montants intérieurs a été abandonné au profit d'un tableau en deux registres. Au registre supérieur, Paser offre des fleurs à Osiris dans sa chapelle, tandis qu'à la scène inférieure, c'est Paser lui-même qui bénéficie des cadeaux de sa famille.

[Vitrine 11]

Parallèlement à la statuaire royale, la sculpture privée atteignit, sous Aménophis III, des sommets inégalés. Les artistes parvinrent à un équilibre parfait entre la pureté des lignes du visage et la finesse du rendu des coiffures et des vêtements, aussi bien dans le bois que dans la pierre. Les deux *groupes de Nebméroutef* écrivant sous la surveillance du singe de Thot (E 11153, E 11154) constituent des exemples significatifs de ce style. Cependant, le *buste du scribe royal Meniou* (E 11519) se distingue entre tous par la perfection de son exécution et l'équilibre subtil si caractéristique de cette époque. Élégance et finesse affectent également la statuaire en bois, dont l'exemple le plus significatif demeure la *statuette de la dame Touy* (E 10655), « supérieure des recluses de Min » : sa lourde perruque finement tressée, à la mode du temps, contraste avec la délicatesse des traits et le gracieux modelé du corps que suggère la robe transparente. Son titre la rattache au clergé d'Akhmim, ville d'origine des beaux-parents d'Aménophis III, auxquels elle serait affiliée.

Buste du scribe royal Meniou

E 11519
Calcaire peint
H. 45 cm

[Vitrine 12]

Grâce à ses succès militaires, l'Égypte de la 18ᵉ dynastie vécut dans l'opulence, d'où l'intérêt accru pour les objets de luxe, d'aspect raffiné, souvent en matériau précieux. La tradition de la *vaisselle en pierre* se poursuivit. Les formes simples (calices, vases ovoïdes à lèvre débordante) voisinent avec des *récipients* de forme composite, souvent d'origine étrangère (N 1133).

[Vitrine 13]

Les faïenciers, sous Aménophis III, s'attachèrent à obtenir des couleurs peu ou pas usitées auparavant, en particulier le jaune, tel le *petit vase aux noms de Tiy et*

Vase aux noms d'Aménophis III et de Tiy

E 4877
Faïence égyptienne jaune
H. 8,4 cm

Groupe d'Aménophis III et Tiy

E 25493, N 2312
Pierre émaillée
H. 29 cm

d'Aménophis III (E 4877). Ils réalisèrent aussi des objets de faïence comportant des couleurs différentes, comme ce *tube à kohol aux noms de Tiy et d'Aménophis III* (N 818). Les artistes, sous ce même règne, excellèrent également dans la réalisation de vases modelés dans une céramique rouge brillante, et dans le travail du bleu égyptien et du verre (voir en salle 7, la vitrine 11). Mais les œuvres les plus spécifiques du temps d'Aménophis III demeurent certainement les fameuses *cuillers à fard,* dont la fonction n'est pas clairement établie. Leurs manches prennent soit l'aspect de nageuses en ronde bosse (N 1704, N 1725B), soit de personnages ou de plantes des marécages découpées à jour dans le bois (N 1744B, N 1737).

[Vitrine 14]

Cette *statuette* (E 25493-N 2312) est l'élément d'un groupe en pierre émaillée, technique chère aux artisans de ce règne, qui associe Aménophis III – dont il ne subsiste que le bras gauche – et la reine Tiy – qui porte les attributs de sa fonction : plumes sur la couronne, dépouille de vautour sur la tête et sceptre souple dans la main.

[Galerie d'étude 1]

La première travée présente les objets du Gebel Zeit, obtenus en partage de fouilles en 1986. C'est dans ce site isolé, sur la côte désertique de la mer Rouge, que les Égyptiens extrayaient le minerai de galène utilisé dans la fabrication du kohol pour les yeux. Ces mines ont été exploitées de la fin du Moyen Empire à Ramsès II. Un petit sanctuaire d'Hathor recevait de nombreux ex-voto sous forme de statuettes féminines en terre cuite, enveloppées de tissus, dont un bon nombre sont visibles ici. Quelques outils (pic, paniers) témoignent de l'activité de ces ouvriers du bout du monde.

Les autres travées présentent stèles et bas-reliefs classés par ordre chronologique, depuis la *stèle de la reine Noubkhâs* (C 13), personnage mal connu de la 17e dynastie, jusqu'à la *fausse porte* en granite rose de Rekhmirê (C 74), le célèbre vizir de Thoutmosis III. Un *fragment de relief* au nom d'Aménophis Ier (B 58), comportant une scène de jubilé, montre, à l'aube du

Nouvel Empire, l'imitation des traditions artistiques de la 12e dynastie (il ressemble de près à un linteau de Sésostris III trouvé à Médamoud). On sait par ailleurs que ce roi avait fait copier, absolument à l'identique, la Chapelle blanche de Sésostris Ier à Karnak.

[Galerie d'étude 2]

La grande *stèle d'Ousersatet* (E 17341) évoque la puissance des vice-rois de Nubie dès le règne d'Aménophis II. Dans le cintre, le vice-roi fait offrande à Khnoum, Satet et Anouket, divinités de la cataracte. La *stèle au nom de Djéhouty* (C 63), « porte-étendard du navire Méryamon », qui accompagna le roi dans ses campagnes, évoque l'influence des militaires. Pa-âa-âkou, « envoyé du roi » (ambassadeur), nous a laissé une *stèle* (C 53), bien datée de Thoutmosis IV par le cartouche central. L'époque d'Aménophis III est représentée par la grande *stèle fausse porte de Iy* (C 76), finement gravée, construite sur le même schéma que celle de Paser (voir la vitrine 10). La haute qualité du relief dans le creux caractérise encore la *porte de Sénou* (C 140-142) et surtout sa *stèle* (C 282), le figurant face à Douamoutef et Qébehsenouf, deux des quatre fils d'Horus. Une stèle du même Sénou, conservée au Metropolitan Museum de New York, le représente face à Amsit et à Hapy, les deux autres fils d'Horus. L'ensemble proviendrait de Touna el-Gebel.

[Galerie d'étude 3]

Cette vitrine présente un large éventail de matériel archéologique de la 18e dynastie. Une sélection de récipients en céramique illustre la production de Deir el-Médineh (salles 26 et 28). À côté des caractéristiques vases biconiques figurent plusieurs vases d'importation ou d'inspiration étrangère (vases mycéniens « à étriers », vases syriens *bilbil*). Sur l'étagère centrale, un *vase* (E 21838) à décor peint en bleu est très représentatif du règne d'Aménophis III. Les *pyramidions de Khâ et d'Imenemheb* (E 13988, AF 2984) surmontaient les chapelles funéraires de ces personnages à Deir el-Médineh. Ce type architectural connut un grand développement à l'époque ramesside. Un seul objet d'importance illustre ici la statuaire royale : la *tête* (E 12987), trouvée à Médamoud, représente très probablement Thoutmosis IV. La courbure de sa plaque dorsale indique qu'elle faisait partie d'un groupe,

Tête attribuée à Thoutmosis IV, élément d'un groupe

E 12987
Médamoud
Diorite
H. 21,4 cm

peut-être une réplique de la statue du pharaon et de sa mère (musée du Caire), dont les dimensions comme le matériau sont très comparables. La sculpture privée compte quelques types nouveaux, tels les « stélophores », personnages présentant devant eux une stèle le plus souvent gravée d'un hymne au soleil (*statue de Samout* [A 59]), ou plus rarement à Amon-Rê (*statue d'Amenemhat-Sourer* [A 50]). Une sélection de scarabées royaux retrace leur évolution formelle, entre Aménophis Ier et Aménophis III. Les scarabées commémoratifs d'Aménophis III, spécifiques de ce règne, associent le nom du roi à celui de Tiy, ou proclament ses exploits à la chasse aux lions.

25 Le Nouvel Empire au temps d'Akhénaton et de Néfertiti (v. 1353-1337 av. J.-C.)

Le successeur d'Aménophis III monta sur le trône sous le nom d'Aménophis IV. Il manifesta immédiatement son intérêt pour une forme de religion solaire d'expression si radicale qu'elle a pu être qualifiée de monothéiste. Aton, le disque solaire, dieu unique, remplaçait toutes les autres divinités dans le discours officiel, bien que, de fait, les autres cultes se perpétuassent discrètement. Source de toute vie, qu'il répandait par les mains figurées au bout de ses rayons, Aton était adoré sur terre par le pharaon et sa famille, uniques médiateurs entre le soleil et sa création. Dès les premières années de son règne, Aménophis IV éleva donc plusieurs temples d'Aton à Thèbes, parmi lesquels une immense cour à ciel ouvert, située à l'est de l'enceinte de Karnak, le *Gempaiten*. Elle était bordée de piliers auxquels s'adossaient des colosses sculptés dans un style révolutionnaire. Car l'idéologie officielle trouva immédiatement une traduction artistique adaptée, très différente de l'art égyptien traditionnel, et du « style Aménophis III » en particulier. Peut-être doit-on reconnaître là l'effet de la volonté personnelle du souverain. Les temples d'Aton furent dorénavant construits au moyen de petits blocs standardisés, les

talatates, qui constituèrent un support privilégié des nouvelles tendances artistiques. Systématiquement gravés dans le creux, ils reçurent un décor radicalement nouveau : les scènes d'offrande traditionnelles furent remplacées par des figurations du roi et de sa famille – ce qui ne s'était jamais fait auparavant – conduisant les cérémonies ou rendant hommage au disque rayonnant, tandis que la figuration de la préparation des offrandes et de l'activité des ateliers des temples devint prétexte aux scènes les plus vivantes.

Buste d'Aménophis IV

E 27112
Karnak-est
Grès
H. 137 cm

Buste d'Aménophis IV (E 27112)
Donné en 1972 à la France par le gouvernement égyptien, en remerciement de sa contribution au sauvetage des temples de Nubie, ce buste est un fragment de colosse du *Gempaiten*. Le visage étroit et étiré en hauteur, les yeux saillants aux lourdes paupières, la

bouche charnue et le menton excessivement allongé donnent à la sculpture une difformité expressive qui apparaît comme un manifeste de ces nouvelles conventions imposées à la représentation du roi.

À partir de l'an 5 de son règne (v. 1348), Aménophis IV doubla sa réforme religieuse et artistique d'une décision politique. Le souverain quitta Thèbes et transporta sa capitale sur un site vierge : *Akhet-Aton*, **l'« horizon d'Aton », aujourd'hui Amarna. Il changea en même temps son nom en celui d'Akhénaton, « celui qui est bénéfique pour Aton », et fit proscrire le culte des dieux traditionnels, surtout celui d'Amon, dont la puissance temporelle se faisait inquiétante. Construite sur un axe nord-sud, la nouvelle cité, dont le territoire était délimité par quatorze stèles frontières, comprenait plusieurs groupes de palais et de temples d'Aton, ainsi que de somptueuses demeures affectées aux fidèles du roi. On note également la présence de quartiers administratifs ainsi que de très importants casernements de police, preuve que le nouveau style de gouvernement n'allait pas de soi. Des ouvriers, chargés de creuser les tombes royales et privées dans les falaises fermant le site à l'est, étaient logés dans un village particulier. Au cours du temps, l'art, que l'on peut dorénavant qualifier d'« amarnien », perdit de sa brutalité primitive au profit d'une certaine douceur.**

[Vitrine 1]

Ce *buste d'Akhénaton* (E 11076), malgré son mauvais état, illustre cette deuxième phase « assagie ». Néanmoins, la tête projetée en avant et la couronne aux proportions étirées poursuivent clairement le style d'origine. Un buste identique est conservé au musée de Berlin.

[Vitrine 2]

Par le traitement adouci du visage, la *statue royale* (N 831) appartient également à cette phase « mûre » de l'art amarnien. La poitrine grasse et le ventre tombant, souligné par la forte échancrure du pagne, perpétuent la difformité initiale de l'image royale. Très restaurée au siècle dernier (le trône et les jambes sont modernes), elle faisait originellement partie d'un groupe : une reine, à la droite du souverain, posait sa main gauche, partiellement conservée, au bas du dos

Statue royale

N 831
Pierre jaune
H. 64 cm

du roi, et lui effleurait le coude de la main droite ; l'extrémité des doigts subsiste encore. Ce geste à forte connotation amoureuse est bien attesté dans la statuaire privée de la 18e dynastie. Il faut y voir un écho des scènes familiales auxquelles les talatates nous ont familiarisés, où les sentiments sont volontiers étalés avec ostentation. Car Akhénaton et son épouse principale, Néfertiti, se sont souvent fait représenter ensemble. Le petit *groupe de calcaire peint* (E 15593) s'inscrit dans la lignée de la 18e dynastie, bien que d'un style amarnien tardif. Le *fragment de stèle familiale* (E 11624), provenant d'Amarna, témoigne en revanche des innovations très audacieuses de l'iconographie royale amarnienne. Aucun pharaon ne s'était jamais fait ainsi représenter avec femmes et filles. Dans le même esprit, un *élément d'incrustation en ivoire* (E 11203) représentait le pharaon assis face à la reine. Parmi les quelques talatates présentés dans cette vitrine, un *bloc* (E 27722) se distingue par le modelé des figures et l'étagement élaboré des différents plans.

Talatate avec une scène de culte

E 27722
Probablement Hermopolis
Calcaire
L. 54,7 cm

[Vitrine 3]

C'est peut-être l'entourage très féminin d'Akhénaton (les épouses Néfertiti et Kiya, les princesses) qui a orienté l'art amarnien vers un goût prononcé pour la représentation de reines et de princesses. Le *torse en quartzite rouge d'une reine ou d'une princesse* (E 25409), dont le plissé mouillé de la robe met en valeur les formes à la féminité exacerbée en constitue l'une des expressions les plus achevées, ainsi qu'une *petite tête* (E 14715) en calcaire, probablement d'une princesse. Sous l'influence de la religion solaire, les artistes portèrent un grand intérêt pour la nature. Les palais d'Amarna étaient ornés de peintures illustrant la vie des marais, exécutées dans un style réaliste unique dans l'Égypte ancienne. Le *carreau au veau bondissant dans les fourrés* (E 17357) montre l'animal se faufilant entre des papyrus, dont les feuilles sont traitées de la manière la plus naturaliste qui soit. Les tiges, figurées à la fois devant et derrière l'animal, suggèrent un effet de profondeur que l'art égyptien ignorait auparavant.

[Vitrines 4 et 5]

La nouvelle capitale était délimitée par une ceinture de stèles frontières gravées dans les falaises environnant le site. Les quatre *fragments d'une stèle frontière* (vitrine 4 [E 16672]) constituaient le cintre de la stèle « R ». Akhénaton, accompagné de sa famille, adore le disque rayonnant. Autre innovation remarquable, la figuration des personnages en vrai profil (sauf les yeux), et leurs proportions déformées identiques à celles des sculptures en ronde bosse. La comparaison avec le *linteau de Karnak* (vitrine 5 [E 13482 *ter*]) permet de mesurer la distance parcourue depuis le début du règne, où le roi est encore figuré seul et en profil traditionnel.

La religion exclusivement solaire d'Akhénaton était incompatible avec toute forme de destin personnel, aussi bien sur terre que dans l'autre monde. L'absence quasi totale de sculpture privée remontant à cette époque, comme l'envahissement des murs des tombes de particuliers par les images de la famille royale, en témoignent de la manière la plus éloquente. Malgré les apparences, l'art amarnien fut donc un art officiel. Les idées du roi ne dépassèrent probablement pas le cercle restreint de la cour, et la violence exercée contre beaucoup d'anciens sanctuaires ne permit en rien l'implantation de celles-ci dans la société égyptienne. La « greffe » amarnienne s'éteignit avec la mort de son inventeur.

26 Le Nouvel Empire

TOUTANKHAMON ET SES SUCCESSEURS (V. 1337-1295 AV. J.-C.)

Peu de temps après la mort d'Akhénaton, et à la suite du règne obscur de Smenkhkarê (v. 1338-1336), le trône échut à Toutânkhaton, encore un enfant. Changeant son nom en celui de Toutânkhamon, ce qui proclamait le retour à l'ordre ancien, le roi quitta Akhet-Aton pour Thèbes et Memphis, où il se fit l'artisan (involontaire ?) d'une véritable Restauration. Toute la durée de son règne fut en effet consacrée à la remise en état des sanctuaires traditionnels, en particulier des temples d'Amon qui avaient été très durement éprouvés par une proscription impitoyable. Les grands programmes architecturaux furent repris. À Toutânkhamon, mort prématurément (v. 1327), à qui son trésor funéraire (conservé au musée du Caire) assure une célébrité sans rapport avec son importance historique, succéda brièvement un général, Aÿ (v. 1327-1323), puis surtout le général Horemheb (v. 1323-1295). Celui-ci fut l'un des personnages les plus puissants d'Égypte sous Toutânkhamon et Aÿ, en raison sans doute du rôle crucial qu'il assura pour la

défense de l'Égypte face à l'empire hittite. Aussi se fit-il bâtir un somptueux monument funéraire à Saqqara (vitrine 7), qu'il n'eut pas à utiliser. Un peu plus tard, son élévation à la fonction royale marqua le triomphe de l'armée, prélude à l'ère ramesside. Ce pharaon entreprit d'effacer le souvenir d'Akhénaton et de ses successeurs immédiats en démontant ou récupérant leurs monuments et en martelant systématiquement leurs noms (vitrine 8).

L'art, au temps de Toutânkhamon et de Horemheb, traduit le double héritage du style Aménophis III et des tendances amarniennes. Aussi n'est-il pas toujours aisé (vitrines 1 et 2) de rattacher les œuvres à cette période-ci ou à celle-là. Dans les cas les plus typés cependant, la sculpture postamarnienne se reconnaît au soin apporté au modelé du visage (vitrines 4 et 5), à la douceur un peu « vaporeuse » des traits (vitrines 3 et 6), aux proportions un peu trapues de la construction du corps *(statue d'Amon et Toutânkhamon)* ainsi qu'à la poitrine et au ventre gras, dans les rondes-bosses comme dans les reliefs (galerie d'étude 2). L'abandon de la religion d'Aton permit la renaissance de la statuaire privée. La mode, qui accordait une importance de plus en plus grande aux lourdes perruques et aux vêtements empesés et plissés (vitrine 4), s'inscrit dans l'évolution amorcée sous Aménophis III et annonce directement l'art ramesside.

Tête de statuette composite

E 11658
Verre
H. 9 cm

[Vitrine 1]

Ce *portrait anonyme* (N 2289) est célèbre à juste titre pour le réalisme dont le sculpteur a fait preuve. Les traits émaciés de ce visage lui confèrent une présence singulière. Par son originalité même, il demeure difficile à dater, et pourrait aussi bien appartenir à l'époque amarnienne qu'à la période immédiatement postérieure.

[Vitrine 2]

Une *tête en verre bleu* (E 11658), jadis incrustée (coiffure peut-être moderne), était rapportée sur un corps de nature différente. Cette technique de sculpture composite connut une certaine vogue entre les règnes d'Aménophis III et de Séthi Ier. Sa hauteur originelle devait avoisiner les quarante centimètres.

Statue d'Amon et Toutânkhamon

E 11609
Karnak
Diorite
H. 220 cm

[Vitrine 3]

Lors du transfert de capitale à Memphis, beaucoup de grands dignitaires ont installé leur tombe à Saqqara. Construites en calcaire, les superstructures étaient couvertes de bas-reliefs de qualité remarquable, tel le *relief d'Imeneminet* (B 8). Un *montant de porte* (B 48) représente Menkaouhor, roi de la 5e dynastie dont le culte funéraire fut remis à l'honneur (voir une autre attestation de Menkaouhor en galerie d'étude 2). C'est la statue de culte de ce roi divinisé qui est ici représentée, à laquelle sont offerts des fleurs et du vin. L'effet de profondeur obtenu par le bras de la statue passant devant le bouquet de fleurs, ainsi que le modelé sensuel du visage sont des héritages du style amarnien (salle 25, vitrine 3)

Les effets de la *damnatio memoriæ* menée par Horemheb contre Toutânkhamon sont particulièrement visibles sur la *statue d'Amon protégeant Toutânkhamon* (E 11609) : cassure des mains du dieu, de la tête et des bras du roi, martelage des cartouches de Toutânkhamon, sauf deux d'entre eux qui ont subsisté sur la retombée droite de la ceinture, oubliés parce que moins visibles. Le dessin lourd des paupières, la poitrine et le ventre gras sont caractéristiques du style postamarnien.

[Vitrine 4]

La *statue de Piaÿ* (E 124) est la plus belle sculpture en bois de cette époque conservée au Louvre. Le modelé très adouci du visage, la poitrine et le ventre grassouillets ainsi que l'attention portée au plissé des vêtements, notamment du devanteau très empesé, sont autant de caractéristiques de l'art postamarnien. La formule d'offrande à l'arrière du pilier dorsal indique une origine memphite.

Statue de Piaÿ,
« portier du palais »

E 124
Saqqara
Bois (karité et acacia)
H. 54,5 cm

[Vitrine 5]

Trois statuettes complètent l'aperçu de la petite statuaire privée postamarnienne, où l'on décèle les mêmes caractéristiques anatomiques et vestimentaires que celles qui sont précédemment décrites. La *statuette en bois de Sémentaouy et sa femme Rouiaÿ* (N 863) ainsi que celle de *Tchaÿ* (E 11555) sont, comme la *statue de Piaÿ* (vitrine 4), le produit des ateliers de sculpture memphites. Le *groupe d'Imenemipet et Tamérout* (N 1594), en revanche, est de provenance thébaine. L'inscription énonce le traditionnel désir de recevoir de la triade thébaine une part d'offrandes.

[Vitrine 7]

Le *relief* (B 56), à gauche de la vitrine, provient de la deuxième cour du complexe funéraire memphite du général Horemheb. Des Syriens, des Nubiens et des Libyens (registre inférieur) ainsi que des soldats égyptiens (registre supérieur) rendent hommage au pharaon, en l'occurrence Toutânkhamon. Le *relief* (B 57), à droite, provient lui aussi d'une tombe memphite contemporaine, non identifiée à ce jour. Un groupe de pleureuses, qui s'inscrivait dans une scène de funérailles, a été rendu avec un souci du mouvement et un étagement des plans qui révèlent une forte influence amarnienne. Un *monument* énigmatique occupe le centre de la vitrine (C 68 à C 70) : deux montants, dont il manque la base, qui figurait le défunt en adoration, supportent un linteau cintré comme une stèle, détail inhabituel. Sur ce linteau, le propriétaire rend hommage au chien couché d'Oupouaout. Au nom du « général en chef Horemheb » (le futur roi), ce monu-

Relief de la tombe de Horemheb

B 56
Saqqara
Calcaire
H. 55 cm

Scène de funérailles

B 57
Saqqara
Calcaire
H. 75 cm

ment est réputé provenir de la nécropole thébaine. Pourtant, les divinités mentionnées (Oupouaout, Osiris-Ounnéfer, Hornedjitef) et le souhait du défunt d'accompagner la barque *nechemet* d'Osiris indiquent une origine abydénienne. La fonction architecturale de cet ensemble demeure elle-même incertaine.

[Vitrine 8]

La *stèle de Minnakht* (C 55) est l'un des rares témoignages du règne de Aÿ. Chargé de travaux au temple funéraire de ce roi, Minnakht fit inscrire la titulature du souverain en première ligne du texte. Les cartouches, martelés, n'ont cependant pas échappé à la proscription décrétée par Horemheb à l'encontre de ses prédécesseurs (une stèle du même personnage est visible en galerie d'étude 2).

Les trois galeries d'étude implantées dans cette salle correspondent à la période comprise entre Amarna et l'époque ramesside.

[Galerie d'étude 1]

L'époque amarnienne nous a laissé de nombreux reliefs comportant des scènes d'adoration du soleil par le roi ou sa famille, beaucoup plus rarement par de simples particuliers – *stèle* (C 321) –, ou des instantanés de la vie de la cour (courtisans, chars du roi, représentation de palais). Une étagère est consacrée aux objets de toilette provenant du harem de Gourob (miroir, cuiller à fard, tubes à kohol). Quelques statuettes, d'ailleurs anonymes, représentent la sculpture privée amarnienne, si marginalisée à cette époque. Beaucoup plus représentatif, en revanche, est le *masque de plâtre* (E 27489). Le célèbre atelier du sculpteur Thoutmosis, trouvé à Amarna, nous en a légué un grand nombre, de véritables portraits, dans lesquels il faut reconnaître des études de sculpteur.

[Galerie d'étude 2]

Un choix de stèles postamarniennes et ramessides montre l'évolution du bas-relief entre la fin du XIVe et le XIIIe siècle avant J.-C. (18e-19e dynasties). Des *stèles* (C 87, E 22037) illustrent particulièrement bien le style postamarnien par les proportions des personnages et leurs vêtements empesés. Le *relief du médecin Toutou* (B 50), provenant de Saqqara, montre Toutou et sa

Stèle de Néferhétep

C 148
Calcaire
H. 73 cm

femme adorant, au registre supérieur, Douamoutef et Nephthys et, au registre inférieur, Qébehsenouf et le roi divinisé Menkaouhor. La partie gauche de la vitrine est consacrée à la 19e dynastie. La *stèle de Mây* (C 94) évoque l'importance des cultes solaires sous le règne de Ramsès II. C'est au contraire le culte osirien qui est représenté par la *stèle de Néferhétep* (C 148), avec, dans le cintre, l'image du fameux « reliquaire d'Osiris », censé conserver, à Abydos, la tête du dieu. Les membres de la famille de Néferhétep occupent le registre du bas ; leur attitude et leur disposition en rang sont très représentatifs des stèles ramessides. La *stèle de Sétaou* (E 6247) évoque ce puissant vice-roi qui, sous Ramsès II, administra la Nubie d'une main de fer.

[Galerie d'étude 3]

Vases de céramique et objets de faïence, notamment les scarabées, illustrent le matériel de cette époque. Un *buste d'Amon* (E 10377), de style postamarnien, est un fragment de sculpture composite (le système d'encastrement de la partie manquante est bien visible au sommet de la statue). Parmi les statues civiles, la *statue fragmentaire de Mâya* (E 25984), « directeur du Trésor » sous Toutânkhamon, présente un sistre à l'image d'Hathor de Dendéra, type statuaire qui se répandit à l'époque ramesside, parallèlement aux autres modes d'association plastique de l'homme et de la divinité (salle 28, vitrines 7, 8, 9 et 10). La travée de gauche est consacrée à Deir el-Médineh de l'époque ramesside (salle 28, vitrines 4, 5 et 8). La déesse Hathor, à qui était consacré un sanctuaire, est évoquée, sous sa forme animale, par une *tête de vache* (E 16380) et, pour la forme humaine, par un *fragment de chapiteau* (E 14389 *bis*). Les habitants de Deir el-Médineh vouaient aussi un culte à Aménophis Ier et à la reine Ahmès Néfertari – *stèle à Ahmès Néfertari* (N 662) et *fragment de stèle* (N 665). Les artisans de Deir el-Médineh exécutaient de nombreux dessins sur ostraca, d'inspiration souvent très libres, puisqu'ils ne répondaient à aucun programme particulier. Représentations de divinités et d'animaux en sont les thèmes favoris, à côté de scènes de lutte ou d'images d'étrangers. Certains d'entre eux, selon une tradition d'origine proche-orientale, représentent des animaux exerçant des activités humaines, comme on peut le voir sur l'*ostracon au singe musicien* (E 27665). *Trois têtes de prisonniers* (E 16353 à E 16355) proviennent du bâtiment « khénou » de Ramsès II (salle 28). Encastrées dans une base de statue royale, ou dans un appui de fenêtre, elles matérialisaient le pouvoir du pharaon sur les ennemis de l'Égypte.

Palier de l'escalier du Midi

La Nubie et le Soudan

Les repères géographiques antiques ont conservé leur valeur jusqu'à nos jours : il est donc préférable de réserver le terme de Nubie à la région placée sous autorité égyptienne, qui s'étend entre Assouan et Ouadi-Halfa, ville frontière désormais recouverte par les eaux du lac Nasser. En revanche, la vallée du Nil entre la deuxième et la sixième cataracte (au nord de Khartoum) appartient au Soudan. Cependant, les archéologues donnent parfois le nom de Haute-Nubie à la moitié nord de cette région soudanaise traversée par le Nil, qui dessine un grand S dans un paysage sahélien, très différent de celui de l'Égypte, un désert balayé par les vents, ponctué d'arbustes épineux et de promontoires rocheux.

La région de la première cataracte, près d'Assouan, était considérée par les Égyptiens anciens comme la limite naturelle de leur pays. Un mythe place dans cette région la caverne d'où jaillissent les eaux du Nil, mais les Égyptiens n'en seront pas longtemps dupes : dès l'Ancien Empire, les souverains envoient des expéditions au sud de la première cataracte pour tenir en respect des populations qui les inquiètent et pour se procurer des produits qui leur font défaut. Au Moyen Empire, ils bâtissent une ligne de forteresses sur la deuxième cataracte et édictent des règlements pour limiter les immigrations non désirées. Au Nouvel Empire, la Nubie est conquise et passe sous administration égyptienne. Les pharaons de la 18e dynastie progressent le long du Nil et bâtissent des temples, notamment à Soleb et au Gebel Barkal, dans l'actuel Soudan. On trouve donc des monuments et des objets purement égyptiens dans ces régions, mais ils ne sont pas exposés dans cet espace, qui est réservé aux œuvres représentatives des civilisations locales.

Les habitants de ces contrées sont des pasteurs qui élèvent des troupeaux de bovins ; leurs sépultures, simples fosses à même le sol, ont livré une poterie remarquable. Celle qui nous intéresse ici, qui va de l'époque néolithique jusqu'au Ve siècle ap. J.-C., a fait l'objet d'études approfondies. Les archéologues ont classé les récipients par grandes périodes en donnant à ces groupements des lettres de l'alphabet, le groupe A correspondant au néolithique et à l'Ancien Empire ; des *coupes* et des *jarres* provenant d'Akcha, exposées ici (E 27085 à E 27091), se rattachent à ce groupe A. Le groupe C (v. 2300-1600 av. J.-C.) s'articule autour du Moyen Empire. Pour se réserver la possibilité de classements ultérieurs correspondant aux époques le plus mal représentées, on a affecté la lettre X à la *poterie postméroïtique*, mais on est loin d'avoir utilisé toutes les lettres de l'alphabet, car ces civilisations nubiennes connaissent des éclipses.

Il faut se garder de penser que ces peuples ne sont que semi-nomades ; à plusieurs reprises, ils ont bâti des cités avec des monuments remarquables, mais la pression exercée par les Égyptiens et, plus tard, le monde méditerranéen, a rendu ces performances transitoires et discontinues.

Vers l'an 2000, qui correspond en Égypte au début du Moyen Empire, se développe au nord du Soudan, sur le site de Kerma, une civilisation urbaine. Autour d'une énorme construction centrale en brique, presque entièrement pleine et dont la fonction reste mystérieuse (forteresse pour certains, temple pour d'autres), s'étend une véritable ville. La nécropole qui la jouxte renferme des constructions funéraires et des tombes circulaires, certaines gigantesques et collectives. Bien qu'on ait trouvé des objets égyptiens d'importation à Kerma, la part de l'influence égyptienne est assez faible. Cette culture a produit une poterie variée d'une grande finesse, lisse ou ornée de motifs géométriques incisés ; le type le plus remarquable est celui du *vase tulipe* à pâte fine polie (E 25469), qui se caractérise par un fond rouge et un bord noir, séparés par une bande irrégulière grisâtre du plus bel effet.

Le prince de ce royaume de Kouch deviendra assez puissant pour inquiéter les Égyptiens eux-mêmes et les pharaons détruiront Kerma (v. 1500). Pendant tout le Nouvel Empire, la culture égyptienne sera prédominante en Nubie et au Soudan.

Les Soudanais connaîtront une revanche éclatante, bien que tardive. À force de contacts, ils ont intégré la culture de leur voisin du Nord et instauré, à Napata, près de la quatrième cataracte, une dynastie égyptianisée. Kashta et son fils, Piankhi, conquièrent à leur tour la Nubie et l'Égypte ; leurs successeurs s'installent à Thèbes, fondent la 25e dynastie, dite « éthiopienne » – les Éthiopiens pour les Grecs, et notamment Hérodote, étant les gens à peau sombre de Nubie et du Soudan. Ils se comportent comme de vrais pharaons. Chassés d'Égypte, ils retourneront dans leur pays d'origine avec pour capitale Napata, et y développeront une civilisation marquée par l'influence égyptienne. Ils ont une vénération particulière pour Amon sous sa forme de bélier. Ils adoptent les hiéroglyphes mais les adaptent, pour transcrire leurs noms propres, à leur langue, un idiome africain mal connu ; un *sceau en faïence* (E 10302), trouvé en Égypte, à Thèbes, porte un vœu de bonne année adressé à une reine éthiopienne nommée *Maletarat*. Elle aurait été enterrée à Nouri, peut-être sous le roi *Senkamanisken* (v. 643-623), dont le Louvre possède un *ouchebti* (E 27495) en stéatite provenant de la même nécropole. En effet, ces rois, qui érigent des petites pyramides dans leurs cimetières utilisent un matériel funéraire inspiré de celui des Égyptiens.

Le centre de cette civilisation se déplace à Méroé à partir du Ve siècle av. J.-C. Les souverains méroïtiques bâtissent et décorent des temples « à l'égyptienne », mais en créant un style particulièrement original, baroque et brutal. Contemporains des souverains ptolémaïques et des empereurs romains, ils subissent l'influence hellénistique. Ils adoptent les dieux égyptiens mais ont leurs propres divinités et vénèrent tout particulièrement un lion, Apédémak *statuette* (E 11157B). Comme les rois napatéens, ils se font enterrer dans des sépultures dont la chapelle s'appuie sur une petite pyramide au sommet aigu. Leurs *tables d'offrande* (D 77), parfois décorées d'images du dieu Anubis, sont conformes aux modèles égyptiens. Des têtes, très stylisées représentent une image de l'âme. Quand la statue est complète, elle porte un plumage d'oiseau : le concept est égyptien, mais la forme est bien éloignée de l'oiseau-âme des représentations funéraires antiques. Ils adoptent, pour transcrire leur langue, les hiéroglyphes ainsi qu'une écriture simplifiée, en donnant aux signes des valeurs qui leur sont propres, purement alphabétiques, comme on peut le voir sur le pourtour d'une *table d'offrande* (D 77) :

Ouchebti de Senkamanisken

E 27495
Vers 643-623 av. J.-C.
Fouilles de Nouri (Soudan), musée de Boston
Stéatite
H. 20,3 cm

Vase au joueur de tambourin

E 11378, E 27493
Fouilles Garstang à Méroé (Soudan)
Époque méroïtique
Terre cuite peinte
H. 11,7 cm ; D. 8,5 cm

cette langue méroïtique a été déchiffrée mais demeure quasiment incomprise. Leur poterie décorée, aux formes variées, est d'une qualité remarquable, *vase au joueur de tambourin* (E 11378 et E 27493). La chance a voulu que le musée du Louvre reçoive en 1996, offert par le gouvernement du Soudan, un lot important d'objets d'époque méroïtique provenant des fouilles françaises de Sédeinga : *récipients* en terre cuite, *fiole* en verre (E 32499), *têtes d'oiseaux-âmes* (E 32471, E 32543), *bracelets de cheville* en argent (E 32537, E 32538), etc.

27 Le Nouvel Empire au temps des Ramsès (v. 1295-1069 av. J.-C.)

Les pharaons

Sans héritier, Horemheb désigna comme successeur le général Paramessou, qui allait régner sous le nom de Ramsès Ier (v. 1295-1294), et dont le fils, Séthi Ier (v. 1294-1279), peut être considéré comme le véritable fondateur de la 19e dynastie. Celle-ci connut son apogée avec Ramsès II (v. 1279-1213). Les premières années de son règne exceptionnellement long furent consacrées à la lutte contre les Hittites, dont l'épisode le plus retentissant, la bataille de Qadech, fut magnifié sur les murs des principaux temples d'Égypte, tant par les textes que par les représentations illustrées. Une idéologie guerrière empreignait le discours officiel, bien en accord avec les origines militaires de la famille royale. Mais cette propagande ne saurait occulter les quelque cinquante années de paix scellée par le traité égypto-hittite (v. 1259). Cette paix historique permit de réaliser un très vaste programme architectural : temples dans toute l'Égypte, dont Abou Simbel est le fleuron, et palais, comme ceux de Piramsès (l'ancien Avaris), la nouvelle résidence royale, au nord-est du Delta, que l'on ne connaît plus que par de flatteuses descriptions contemporaines et quelques vestiges archéologiques. Cette stabilité ne survécut cependant pas très longtemps après la mort du monarque. Les derniers souverains de la 19e dynastie et ceux de la 20e, à l'exception de Ramsès III, ne se comparent sous aucun rapport à leur illustre prédécesseur.

[Vitrine 1]

L'art du début de la 19e dynastie, sous Séthi Ier, se distingue par sa perfection technique hors de pair, tout particulièrement dans le bas-relief. La tombe du pharaon (n° 17) se classe ainsi parmi les plus belles de la Vallée des Rois. Ce *bas-relief* (B 7) provient du montant droit d'un passage s'ouvrant au milieu d'un corridor de la tombe. Le montant gauche, symétrique, se trouve aujourd'hui au musée de Florence. La déesse Hathor,

Chaouabti de Séthi Ier

N 472
Vallée des Rois, tombe n° 17
Faïence égyptienne
H. 28,1 cm

dame de l'Occident, et donc des morts, tend à Séthi Ier son collier ménât, en signe de protection. Bien que très restauré, ce monument atteste la virtuosité technique des artisans qui l'ont sculpté. Le contraste entre la ligne très épurée des contours des figures et l'abondance des détails donne au bas-relief son « style Séthi Ier » si caractéristique.

[Vitrine 2]

Comme les simples particuliers, les rois défunts emportaient avec eux les indispensables serviteurs funéraires, ou *chaouabtis*, destinés à les remplacer dans l'autre monde pour l'exécution de toutes les tâches que l'on y devait faire. Belzoni, qui pénétra dans l'hypogée au début du siècle dernier, en découvrit ainsi plusieurs centaines, en bois enduit de résine noire, ou en faïence égyptienne bleue. Le *chaouabti* (N 472) appartient à cette dernière série, dont la perfection de la matière a fait la célébrité. Peint en hiéroglyphes noirs sur le ventre, le chapitre 6 du *Livre des morts* garantit au souverain la jouissance éternelle des services de la statuette.

[Vitrine 3]

La *stèle de Hormin, dite « des colliers »* (C 213), provenant probablement de Saqqara, montre Séthi Ier à la fenêtre de son palais offrant l'or de la récompense au « directeur du sceau, directeur du harem royal » Hormin. Des serviteurs passent au cou de l'heureux bénéficiaire les lourds colliers d'or dont il vient d'être gratifié.

Roi accomplissant l'offrande de Maât

E 27431
Argent partiellement doré
H. 19,5 cm

[Vitrine 4]

La *statuette de roi offrant la déesse Maât* (E 27431) se distingue par son matériau (l'emploi de l'argent demeura relativement limité en Égypte), comme par sa fonction. La position très relevée des bras indique en effet qu'elle se trouvait, à l'origine, sur le pan incliné d'une proue de bateau. Il s'agit donc d'un élément de barque processionnelle dont textes et représentations nous apprennent la richesse. Tournée vers la chapelle divine embarquée, placée par conséquent dans le sens inverse de la marche, la figurine représentait le roi accomplissant le rite de l'offrande de

Maât. Bien que le nom gravé sur la ceinture n'ait pas subsisté, quelques détails de style suggèrent qu'il s'agit de Séthi Ier.

[Vitrine 5]

L'archéologie égyptienne nous rend plus familiers les temples et les tombes que les palais – si luxueux qu'ils aient pu être, puisque la brique dont ils étaient construits les a condamnés à une quasi-disparition. Les plaques de faïence de cette vitrine proviennent d'un palais construit par Séthi Ier à Qantir, sur le site de la future résidence de Piramsès. Elles rehaussaient de leurs couleurs passages et encadrements de porte. La reconstitution proposée est théorique, car aucun ensemble ne nous est parvenu complet. Ces deux encadrements comportent les noms et les épithètes du souverain. Les figures de prisonniers, encastrées à l'origine au bas des murs, ainsi que les rosettes, nous indiquent combien la décoration intérieure de ces monuments éclatait de couleur.

Avec l'avènement de Ramsès II, l'art égyptien devait peu à peu changer de facture, négliger parfois les finitions, alourdir les proportions des rondes-bosses ou rendre quelque peu grêles les figures en bas relief. Au début du règne cependant, les traditions se poursuivirent avec bonheur, notamment au temple d'Abydos, décoré de magnifiques reliefs peints (salle 12).

Le *torse de Ramsès II* (E 27455), bien que très fragmentaire, illustre cette permanence des plus hautes qualités artistiques. Le roi, identifié par ses cartouches gravés

Statue fragmentaire de Ramsès II

E 27455
Granite rose
H. 61 cm

sur le pilier dorsal, était assis et portait la perruque ronde. La puissante musculature de l'avant-bras, opposée à la finesse du plissé de la manche, évoque un torse de Ramsès II découvert à Tanis (musée du Caire) ainsi que la célèbre statue du musée de Turin. Les éléments manquent toutefois pour la situer à l'intérieur des soixante-six années de règne.

[Vitrine 6]

Une moitié de la vitrine est consacrée aux noms du roi : la titulature complète, c'est-à-dire les cinq noms du roi et ses épithètes (le « grand nom »), est calligraphiée en signes hiératiques sur un *papyrus* (E 8419), en haut duquel se lit la fin de *miscellanées* (sortes d'anthologies littéraires très en vogue à l'époque ramesside) écrites, quant à elles, dans le sens de la longueur, ce qui atteste un remploi du document. Le *bloc* (B 21), provenant du temple de Ramsès II en Abydos, répète deux fois le nom d'Horus du souverain, tandis que le *vase à anses* (E 898) porte les quatrième et cinquième noms enserrés dans des cartouches. Bien que la guerre contre les Hittites n'occupât que les premières années du règne, et cela avec un succès mitigé, les thèmes guerriers furent exploités abondamment à des fins de propagande comme l'atteste la petite *stèle de Ramsès II massacrant les prisonniers* (E 16373) provenant de Deir el-Médineh. Plus concrètement, une *harpé* d'apparat (E 25689), sorte de cimeterre, au nom de Ramsès, évoque les réalités de la guerre. Celles-ci n'échappaient d'ailleurs pas aux contemporains, si l'on en croit l'exécrable réputation dont pâtissait le métier des armes auprès des lettrés. Le pouvoir pharaonique subit l'effet d'une réflexion poussée sur sa nature, à la fois humaine (par le titulaire) et divine (par la fonction royale elle-même). La divinité royale fut particulièrement exaltée à cette époque, certaines statues colossales constituant la manifestation de cette divinité. Elles furent ainsi objets de culte, et l'on aboutit même à ce que Ramsès II (homme) fasse offrande à son propre colosse (fonction royale divine) comme le montre une *stèle* provenant de Horbeit, dans le Delta (E 27222), dédicacée par le « porte-étendard Anya », un militaire donc. La *stèle de Ramsès II faisant offrande à Astarté* (E 26017) illustre parfaitement les tendances religieuses particulières à ce règne. Dans le cintre, un sphinx à tête de dieu Seth rappelle la faveur particulière dont jouit cette divinité à l'époque ramesside (le nom de Séthi est formé d'après lui) tandis que la déesse Astarté, qui reçoit les fleurs, est l'une des divinités étrangères adorée en Égypte, notamment avec Anat à qui elle est souvent associée.

[Vitrine 7]

La célèbre petite *stèle dédicacée par un vizir au jeune Ramsès II* (N 522) représente le roi avec les attributs de l'enfance : tresse latérale et doigt à la bouche. Cette iconographie est attestée par d'autres sources, notamment des amulettes en cornaline. La raison n'en est pas très claire, mais il ne s'agit pas, en tout cas, d'un portrait de jeunesse. Deux bagues précieuses évoquent le faste des puissants de ce temps. Une *chevalière double* (E 31890) porte les cartouches jumelés de Ramsès II et de son épouse Néfertari. La *bague aux chevaux* (N 728) figure parmi les bijoux les plus élaborés que nous a livrés l'Antiquité égyptienne. En or autrefois incrusté de cornaline, elle supporte un couple de chevaux traité en ronde bosse devant un élément semi-circulaire. Si aucune inscription ne permet de l'attribuer avec certitude au règne de Ramsès II, son iconographie, absolument unique, évoque Victoire-à-Thèbes et Mout-est-en-joie, les valeureux chevaux à qui le pharaon dut son salut lors de la bataille de Qadech, d'après le poème de Pentaour – voir ainsi salle 6, vitrine 4, un *papyrus* (E 4892).

Bague aux chevaux

N 728
Or incrusté de cornaline
Diam. 2,2 cm

Avec la mort de Ramsès II (v. 1213) prenait fin un certain âge d'or, comme le perçurent les Égyptiens des siècles ultérieurs. Mérenptah, son treizième fils et successeur, dut affronter, en l'an 5 de son règne (v. 1208), une attaque très importante des Peuples de la Mer, ces migrants venus de la mer Égée, eux-mêmes chassés par des invasions en Europe.

[Vitrine 8]

La *statuette d'albâtre* (E 25474) figure Mérenptah. Le roi tenait une enseigne divine appuyée contre son bras gauche, un uræus rapporté était fixé au front, sa couronne était également rapportée. Son règne bref fut suivi d'obscures querelles de succession qui devaient affaiblir la fin de la 19e dynastie. Séthi II (v. 1200-1194)

Bague au nom de Ramsès IV

E 11607
Or
Diam. 2,03 cm

nous a cependant laissé d'assez nombreuses traces de son activité (voir ainsi son colosse dans la salle 12). Accroché en fond de vitrine, le *visage de granite* (E 6205) est un élément du sarcophage qu'il avait fait placer dans sa tombe de la Vallée des Rois. Sethnakht (v. 1186-1184), fondateur de la 20e dynastie, mit un terme provisoire à la confusion politique, et Ramsès III (v. 1184-1153), son fils, peut être considéré comme le dernier « grand » pharaon du Nouvel Empire, tant par les succès militaires obtenus contre une nouvelle et massive attaque des Peuples de la Mer, que par le gigantisme de son temple de Médinet Habou. Les huit derniers Ramsès n'ont cependant pu enrayer le déclin général du pays qui devait aboutir à la Troisième Période intermédiaire. Difficultés économiques, disparition de l'influence égyptienne en Syrie-Palestine, insécurité et troubles politiques marquèrent le dernier siècle du Nouvel Empire. La *bague aux canards* (E 11607), au nom de Ramsès IV, est un rare exemple d'orfèvrerie qui nous soit parvenu de ces temps difficiles. Les derniers Ramsès sont évoqués ici par des profils dessinés sur ostraca, en particulier Ramsès VI – voir *ostracon* (N 498) –, identifiable par comparaison avec d'autres objets similaires trouvés dans sa tombe de la Vallée des Rois, et Ramsès VII, sur un *ostracon* palimpseste de très grande taille (N 497).

Ostracon au nom de Ramsès VII

N 497
Région thébaine
Calcaire
H. 38,3 cm

28 Le Nouvel Empire au temps des Ramsès (v. 1295-1069 av. J.-C.)

Princes et courtisans

L'Égypte ramesside fut à la fois une période de stabilité, pendant le règne de Ramsès II, et une période de transition vers la Troisième Période intermédiaire. La société avait évolué en profondeur, dans ses structures comme dans les mentalités. L'importance nouvelle de l'armée, dont la 19e dynastie était issue, se doublait du poids croissant du domaine d'Amon de Karnak, dont la puissance foncière et administrative avait été restaurée et amplifiée après la proscription amarnienne. Le rapport des hommes au divin évolua également, comme cela a récemment été démontré. Loin des excès de la religion purement royale d'Akhénaton, les Égyptiens de l'époque ramesside, du moins ceux qui nous ont laissé des témoignages de leur pensée, adoptaient une approche beaucoup plus directe et personnelle de la divinité. Le recours généralisé à l'oracle, pour trancher les litiges courants, procède du même mouvement, et atteste une méfiance croissante pour les institutions humaines. L'élite administrative, souvent d'origine étrangère (vitrine 6), connut cependant un véritable âge d'or de prospérité sous la 19e dynastie, ce qui nous vaut un grand nombre de stèles et de statues.

[Vitrine 1]

Le panthéon officiel, surtout sous Ramsès II, était dominé par Amon, Rê et Ptah (*stèle de Tchia* [E 7717]). La prééminence revenait cependant à Amon de Karnak. La *statuette d'Amon et Mout dédicacée par Mérymaât* (N 3566) figure le couple divin enlacé à l'instar des simples mortels. Elle se distingue par l'extrême finesse de son exécution, surtout pour le décor gravé en surface. Un texte, inscrit derrière la déesse, évoque Mout sous son aspect guerrier et protecteur (associée aux déesses-lionnes Sekhmet et Ouadjet) et se conclut par la soumission de Mérymaât à sa bienveillance salvatrice. L'inscription derrière

Statuette d'Amon et Mout

N 3566
Serpentine
H. 16 cm

Amon proclame l'universelle omnipotence du dieu thébain. Memphis constituait le second pôle religieux. La *statue de Mériounou* (A 64), variante unique en son genre du type naophore, montre Mériounou et sa femme rendant hommage à Osiris, en haut relief, flanqué d'un véritable catalogue de divinités : masculines à sa droite (Ptah, le dieu fils Néfertoum et un Anubis local), et féminines à sa gauche (Sekhmet, déesse épouse de Ptah, et Hathor-du-Sycomore). Le taureau Apis, derrière Hathor, rappelle l'importance du sérapéum (vitrine 3). La *stèle de Dédia* (C 50) illustre la pérennité du culte osirien. Le dédicant et son épouse offrent des fleurs à Osiris, Isis et Horus figurés en haut relief. Au revers, de part et d'autre du *reliquaire d'Osiris* (salle 13, vitrine 5), sont figurées une série de divinités funéraires. Les étrangers installés en Égypte, main-d'œuvre, militaires ou membres de la haute administration, continuaient d'honorer leurs divinités dans l'Égypte ramesside. La *stèle de Houy* (C 86), provenant de Deir el-Médineh, associe Min (à gauche), dieu purement égyptien, à Qadech, déesse syrienne montée sur un lion, et Réchep (à droite), dieu syrien.

[Vitrine 3]

Siège de palais, d'arsenaux et de temples, la ville de Memphis tenait toujours son rang de capitale de l'Égypte, à côté de Thèbes et de Piramsès. Aussi sa nécropole, Saqqara, nous a-t-elle laissé de nombreuses traces de cette époque. Les grands prêtres de Ptah ont prodigué leurs soins à l'enterrement des taureaux Apis.

Relief d'Apis dans sa chapelle

E 25497
Saqqara
Calcaire
H. 64,5 cm

Le *bas-relief* (E 25497) représente la statue du taureau dans sa chapelle, recevant une offrande du grand prêtre de Ptah, Khâemouaset. L'inscription précise même que l'effigie subit le rite de l'« ouverture de la bouche », comme pour un être humain. C'est sous l'autorité du prince Khâemouaset, le plus prestigieux des grands prêtres de Ptah, que furent commencées les galeries où s'ouvraient les caveaux destinés aux taureaux morts (les « petits souterrains »). Le *bas-relief* (N 518) le représente avec les insignes de sa fonction : tresse latérale et collier au fermoir à tête de chien. Ce personnage s'est illustré par son goût pour les antiquités et les monuments anciens. Bien que ce penchant fût à la mode chez beaucoup de lettrés de son temps, le « prince égyptologue » semble l'avoir cultivé plus que n'importe quel autre de ses contemporains. Il fit ainsi restaurer de nombreux monuments de l'Ancien Empire, à Saqqara, Giza et Abousir. C'est dans le caveau de deux Apis enterrés à son époque que furent découvertes de nombreuses statuettes funéraires à son nom, les *chaouabtis,* dont quelques exemples sont exposés ici. Les deux grandes *statuettes* en grès (N 445A et B) proviennent de la niche orientale du caveau, où elles tenaient un rôle de protection magique. Un cercueil en bois, découvert au milieu des petits souterrains, contenait un trésor funéraire à son nom : un *masque* en feuille d'or martelée (N 2291) traduit probablement les traits du prince. Certains éléments de la parure de momie, en particulier l'*amulette en forme de double papyrus* (AF 2289) et le *pectoral au faucon* (E 2988), sont d'une qualité exceptionnelle. D'autres dignitaires déposèrent statuettes et bijoux funéraires dans les caveaux d'Apis. Ainsi firent le vizir Paser, les grands prêtres de Ptah, Hori et Houy et l'intendant Ptahmès. Un panneau présente quelques bijoux déposés sur les momies de taureaux Apis pendant le règne de Ramsès II : l'absolue perfection technique du *faucon à tête de bélier* (E 80), image du soleil nocturne, contraste avec le *pectoral au nom de Ramsès II* (E 79), de facture très inférieure.

Depuis le début de la 18e dynastie, les ouvriers chargés de creuser les tombes royales étaient regroupés dans un village, aujourd'hui Deir el-Médineh, sur la rive gauche de Thèbes. Mais c'est essentiellement à l'époque ramesside qu'il s'est développé (salle 26, galerie d'étude 3). Ces carriers, sculpteurs, dessinateurs, les

Pectoral au faucon

E 2988
Sérapéum de Saqqara
Or cloisonné, incrusté
de lapis-lazuli, turquoise,
verre et bleu égyptien
L. 12,6 cm

« serviteurs dans la place de Vérité » des textes égyptiens, étaient choyés par le pouvoir. Le personnel appartenait à une véritable institution, « la Tombe », dirigée par un « scribe dans la place de Vérité » qui dépendait directement du vizir de Haute-Égypte. Dans leurs moments libres, ces artisans talentueux s'occupaient de leurs propres tombes, qui s'étageaient sur la montagne à l'ouest du village. Un sanctuaire d'Hathor, un temple d'Aménophis Ier, de nombreuses chapelles dédiées aux divinités locales, ainsi qu'un petit bâtiment, le « khénou », qui semble avoir été consacré au culte de Ramsès II divinisé, constituaient l'environnement de la communauté. Nous en connaissons la vie quotidienne mieux que n'importe quel autre groupe social de l'Antiquité égyptienne, grâce à l'énorme documentation qui nous en est parvenue.

Stèle de Khonsou

E 16344
Deir el-Médineh
Calcaire peint
H. 38,5 cm

[Vitrine 4]

Les objets présentés ici illustrent quelques-unes des croyances et des usages spécifiques à cette communauté. La *stèle de Penbouy* (E 16374), provenant d'une maison du village, représente Penbouy rendant l'offrande à la déesse Méretséger, personnification de la montagne thébaine dont le culte était fort populaire localement. Les artisans vénéraient également Aménophis Ier et sa mère Ahmès Néfertari (vitrine 8), qui, les premiers, avaient installé la nécropole royale à Thèbes-ouest – *stèle d'Arinéfer* (E 12964). Il est enfin un aspect très particulier des croyances populaires : le culte aux ancêtres. Il était matérialisé par des bustes – *buste* (E 16348) – déposés à l'intérieur des maisons, ou par des stèles dédiées à certains défunts de la famille particulièrement honorés (les « esprits efficients de Rê »), auxquels on prêtait de grands pouvoirs d'intervention dans la vie des vivants, ou d'intercession auprès des dieux – *stèle de Khonsou* (E 16344).

[Vitrine 5]

L'histoire personnelle d'un certain nombre d'individus nous est connue comme s'ils avaient vécu hier (mariages, décès, fêtes, paiements, affaires de famille etc.). Le scribe Râmès, responsable de la communauté sous Ramsès II en qualité de « directeur des travaux à l'ouest de Thèbes », constitue un cas particulier. La pléthore de stèles et de statues qui le représentent attestent son influence. Sa *statue* (E 16346), trouvée dans un puits à l'intérieur du « khénou », est remarquable par la couleur blanche de ses chairs. Elle est très représentative du style ramesside ordinaire, qui combine une tenue vestimentaire chargée avec une schématisation des traits du visage. Les mêmes caractères peuvent être observés sur une autre *statue* (E 16378) de Râmès présentant les effigies d'Isis et de Nephthys. Une *stèle* (E 16343), de même provenance que la statue debout, figure Râmès adorant Horus, Isis et Ched, un dieu sauveur très populaire à Deir el-Médineh.

[Vitrine 6]

La *stèle de Rourou* (C 92), « directeur de la cavalerie du seigneur des Deux-Terres » et « grand intendant dans le temple de Menmaâtrê », illustre bien l'art du bas-relief privé sous Séthi Ier, encore très marqué par l'influence postamarnienne (comparer avec la *stèle de Iouny* [C 89] en vitrine 11, dont le style est similaire). Le défunt et son épouse font offrande aux dieux des morts d'Abydos : Osiris, Isis, Horus et Oupouaout. Au registre médian, leur fils et leurs cinq filles rendent le culte funéraire. Au registre du bas figurent les parents de Rourou. Le nom de son père, Beke, trahit une origine orientale. Tant par son ascendance étrangère que par ses fonctions dans l'armée, Rourou est un exemple type de l'élite administrative de l'époque ramesside.

La statuaire privée connut un développement quantitatif considérable, essentiellement sous la 19e dynastie (vitrines 7, 8, 9 et 10). Bien que la qualité technique fût assez inégale, on trouve encore des œuvres de haut niveau, comme la *statue de Khâ* (A 65) en vitrine 7, ou la *statuette de la dame Nacha* (E 11523) en vitrine 9. Les changements qui s'opéraient dans la mentalité religieuse trouvèrent leur expression dans la statuaire. Les divinités, étroitement impliquées dans les affaires d'ici-bas, furent de plus en plus souvent associées à la représentation humaine : les dédicants se plaçaient sous la protection d'un dieu en faisant réaliser des statues présentant une chapelle, dites « naophores » (vitrine 7), ou des statues dotées d'une enseigne divine – *statuettes* (N 854) et (N 1575) en vitrine 8 –, d'un emblème de dieu ou de déesse – *statue de Touroÿ* (E 17168) en vitrine 7 –, d'un autel – *statuette de Mérymaât* (A 81) en vitrine 9, ou même d'effigies divines – *statue de Râmès* (E 16378) en vitrine 5. Dans certains cas, l'homme peut être figuré sous la protection de l'animal emblématique de la divinité, suivant une iconographie reprise aux rois de la 18e dynastie, tel ce *fragment* (E 25400) en vitrine 9. L'*orant en bronze* (E 3188) de la vitrine 11 prouve par ailleurs l'apparition précoce de ces petits groupes d'orants face à leur divinité, qui allaient tellement se répandre au cours de la Troisième Période intermédiaire.

Mérymaât présentant un autel

A 81
Diorite
H. 34,5 cm

[Vitrine 7]

Cette vitrine regroupe les grandes statues de particuliers d'époque ramesside, qui constituent presque toutes des variations sur le module classique de la statue cube. Les disparités artistiques d'une œuvre à l'autre sont manifestes. La *statue familiale de Penimen* (N 435), trapue, au modelé sommaire, constitue à cet égard un exemple très représentatif de la sculpture privée « de masse » en usage aux 19e et 20e dynasties.

[Vitrines 8 et 10]

Comme aux époques antérieures, la statuaire en bois continua d'être produite, notamment à Deir el-Médineh, telle la *statuette* (E 16277) qui figure Ahmès Néfertari. La *grande statue* (E 16277), trouvée dans le puits d'un caveau à Deir el-Médineh, représente soit Aménophis Ier divinisé, soit Ramsès II. Gravée sur le pilier dorsal de la *statuette de Néferrenpet* (N 852), une profession de foi loyaliste – genre littéraire typique du Moyen Empire – prouve que ce personnage, comme tout « honnête homme » ramesside, se piquait de belles-lettres classiques.

Statue de Néferrenpet

N 852
Bois (karité et acacia)
H. 42,7 cm

29 De l'an mil à la première domination perse (v. 1069 - 404 av. J.-C.)

La Troisième Période intermédiaire L'époque saïte

La Troisième Période intermédiaire

(v. 1069-664 av. J.-C.)

[Vitrines 1, 2, 4, 5, 6, 7, 8, 9]

La fin du Nouvel Empire se traduit par un émiettement du pouvoir. Les grands prêtres du dieu Amon à Karnak administrent de fait la Haute-Égypte et s'arro-

gent certaines prérogatives royales, d'où leur appellation de « rois prêtres ». Ils restent néanmoins vassaux des souverains qui résident dorénavant à Tanis dans le Delta – nouvelle capitale conçue comme la réplique de Thèbes –, où certains rois se feront inhumer. Toutefois, pour resserrer les liens entre le pouvoir royal et le clergé d'Amon, les pharaons instituent l'une de leurs filles « divine adoratrice d'Amon ». Épouse du dieu et de lui seul, elle se trouve à la tête des importants biens temporels du temple, évinçant ainsi le grand prêtre. La 22e dynastie voit les descendants de chefs de tribus libyennes installées dans le Delta depuis le Nouvel Empire accéder au pouvoir. Cependant, des querelles dynastiques et l'inexorable progression des armées assyriennes favorisent le partage du pouvoir et l'éclatement du pays en petits royaumes.

La Troisième Période intermédiaire n'est nullement une période de décadence politique ou artistique. L'art des époques antérieures est source d'inspiration. Les visages ronds au léger sourire du *bas-relief représentant Chedsounefertoum* (E 25680), vitrine 5, grand prêtre du dieu Ptah, sont inspirés de l'art du Nouvel Empire. Le pagne et la perruque de la *statue de Bachasou* (E 7693), vitrine 2, reproduisent ceux des statues de l'Ancien Empire. Les statues et les bas-reliefs exposés illustrent les modifications des proportions du corps humain caractéristiques de cette époque : un allongement général de la silhouette, une taille étroite, des membres supérieurs et inférieurs étirés.

Des bronzes de grandes dimensions, vitrine 2, dédiés par d'importants personnages témoignent de la vitalité des arts du métal et d'une maîtrise technique remarquable. Les bronziers utilisent volontiers la technique d'incrustation de métaux précieux (illustrée au rez-de-chaussée de la salle 7, vitrine 12) sur des éléments de petites dimensions tels que le *sphinx du roi Siamon* (E 3914), vitrine 2, comme sur des œuvres de dimensions plus importantes. La *statue* de *la divine adoratrice Karomama* (N 500), vitrine 1, en est l'un des plus beaux exemples dans l'art égyptien. Il a été acquis par Champollion lors de son voyage en Égypte en 1829. Aux qualités plastiques de ce chef-d'œuvre, dédié par un membre de l'administration du temple d'Amon à Karnak, s'ajoutent une remarquable qualité de la fonte ainsi qu'un travail admirable d'incrustation sur la robe ou le collier au fermoir orné du nom de cette femme.

La virtuosité des artisans se retrouve dans le travail d'autres matériaux : la faïence – avec des bagues et des calices ajourés – à laquelle se marient l'utilisation d'un coloris de bleu à la nuance profonde, ou l'ivoire : on notera ainsi la finesse d'exécution des détails du visage et des frisons de la perruque de la *statuette de femme nue* (E 2742), dans vitrine 2. Les bijoux de cette époque montrent un renouvellement des thèmes décoratifs. L'alliance de l'or et du lapis-lazuli est très fréquente et se retrouve sur la *triade d'Osorkon* (E 6204), vitrine 4. Le dieu Osiris, accroupi sur un pilier inscrit au nom du roi Osorkon II, est protégé par son fils Horus, et sa sœur et épouse Isis. En dépit de la taille réduite de l'œuvre, la qualité de l'orfèvrerie et du traitement des figurines de divinités soutient la comparaison avec les sculptures de grandes dimensions de cette époque.

La triade d'Osorkon II

E 6204
22e dynastie, règne d'Osorkon II
(v. 874-850 av. J.-C.)
Or, lapis-lazuli, verre
L. 6 cm ; H. 9 cm

La pensée religieuse subit de profondes transformations dans un monde terrestre alors troublé. Les conceptions de la survie après la mort vont se modifier et changer la nature du mobilier funéraire. Une évocation du contenu d'une tombe datant des alentours de l'an 1000 av. J.-C. est présentée au rez-de-chaussée de la salle 16. Quelques éléments représentatifs de l'équipement funéraire, dont la décoration reflète les tendances artistiques du temps, sont présentés ici : la cuve du *cercueil d'Imenemipet* (E 3864), vitrine 6 ; le papyrus funéraire comme le *papyrus d'Imenemsaouef* (N 3292A, N 3292B, N 3292C), vitrine 9, qui mêle à des formules empruntées au *Livre des morts* des vignettes et des textes appartenant au *Livre des demeures secrètes* réservé jusqu'alors à la décoration de la tombe royale. À cette époque apparaissent des stèles en bois (vitrines 8 et 9) qui représentent le défunt en adoration devant une divinité, en général l'une des formes du soleil. La *stèle de Tapéret* (N 3363), vitrine 7, est décorée sur ses deux faces. Sur l'une, la défunte adresse une prière au dieu Rê-Horakhty, le soleil à son zénith. Au revers, c'est le soleil du crépuscule, le dieu Atoum, qui se tient devant Tapéret, sous l'image de Nout, la déesse du ciel.

[Vitrine 12]

Le morcellement de l'Égypte en petits royaumes permit aux souverains du Soudan de l'annexer et de lui redonner son unité. C'est la 25e dynastie (v. 715-656 av. J.-C.). La vitrine 12 présente quelques monuments

Le pharaon Taharqa faisant offrande au dieu Hémen

E 25276
25e dynastie
Grauwacke, bois, argent, bronze et or
L. 26 cm ; l. 13 cm ; H. 19 cm

aux noms de ces rois qui régnèrent depuis le Soudan où ils se firent également inhumer : une effigie de la *déesse Bastet au nom du roi Piânkhy* (E 3915), le conquérant du pays, dont la fille Chapénoupet Ire, au nom inscrit sur l'*étui en argent incrusté d'or* (E 10814), fut intronisée « divine adoratrice » ; des *fragments de statues au nom de Chabaka* (AF 6639 et N 2541), son frère et successeur, et une *stèle au nom du roi Aspalta* (C 257) relatant l'intronisation de deux de ses filles comme prêtresses du dieu Amon dans l'un de ses sanctuaires soudanais.

[Vitrine 10]

Parmi ces rois, Taharqa, l'un des fils de Piânkhy, entreprit des travaux de grande ampleur dans la plupart des temples d'Égypte. C'est sans doute de l'un d'eux que provient le groupe représentant le *roi Taharqa devant le dieu Hémen* (E 25276). Il réutilise une ancienne statue de faucon en grauwacke, qui a été recouverte d'or et d'argent et sur laquelle a été fixée l'effigie du roi.

[Vitrine 15]

Ces souverains se montrent particulièrement soucieux de se rattacher à une période de référence dans tous les domaines de la civilisation égyptienne. On assiste ainsi, dans la littérature, les compositions religieuses et l'art, à de très fortes réminiscences des productions de l'Ancien et du Moyen Empire. La statuaire des particuliers s'y réfère également, comme on peut le voir dans les *statues de couple assis ou debout* (A 89, A 117, A 84), mais les inscriptions ou certains détails, tels que les rides ou une ossature vigoureuse du visage, trahissent leur appartenance à cette époque.

L'époque saïte

(26e dynastie, 664-525 av. J.-C.)

[Vitrines 13, 14 et 15]

L'attaque des armées assyriennes met fin à la 25e dynastie. Des princes originaires de la ville de Saïs dans le Delta gouvernent l'Égypte en tant que vassaux du roi d'Assyrie. Profitant des querelles de succession et de la désagrégation de l'Empire, ils parviennent à redonner au pays son indépendance. Cette époque, dite saïte, est considérée comme une période de « renaissance » de la civilisation égyptienne, qui retrouve une place importante dans le bassin méditerranéen. De vastes campagnes de travaux sont menées dans tous les temples du pays insufflant un nouveau dynamisme à l'art dont les *statues de rois,* telles les *têtes de Psammétique Ier* (N 822) ou d'*Apriès* (E 3433), en vitrine 13, sont le reflet. Le visage aux pommettes saillantes et aux lèvres esquissant un léger sourire est traité avec un modelé affirmé mais doux comme le reste du corps.

La statuaire privée suit les mêmes tendances avec un goût affirmé pour l'emploi de pierres dures au poli très soigné, ainsi qu'en témoigne, dans la vitrine 13, la *statue fragmentaire d'un dignitaire anonyme* (N 2454) en grauwacke. Parmi les grands dignitaires du pays, l'administrateur des biens de la divine adoratrice est l'un des plus importants. L'un d'entre eux, Montouenmhat, a laissé un grand nombre de monuments.

Buste d'homme

N 2454
Vers 550 av. J.-C.
Grauwacke
L. 18 cm ; H. 25 cm

La vitrine 12 présente un bas relief en calcaire provenant de sa tombe au décor inspiré par l'art de l'Ancien Empire. Un autre de ces administrateurs, Horiaâ, est évoqué dans la vitrine 13. Il est représenté à genoux devant le dieu Amon sur un *ex-voto en bronze incrusté* (AF 1670). La *statue de chatte dédiée par Psammétique Ier* (E 2533) est un autre témoin de la maîtrise technique et artistique dans les arts du métal, toujours vivaces à cette époque.

La première domination perse

(27e dynastie, 525-404 av. J.-C.)

[Vitrine 13]

Après sa conquête par Cambyse II en 525, l'Égypte devient une province du gigantesque empire du Grand Roi. Par ailleurs, comme les Assyriens auparavant, les souverains déportent dans leur capitale, Suse, des Égyptiens choisis pour leurs compétences : artisans, médecins, administrateurs. Les documents égyptiens de cette époque comportent la transcription des noms de souverains perses dans un cartouche, à l'instar des pharaons. Le *contrepoids de collier en faïence* (AF 2913) porte le début des titres royaux de Darius Ier qui laissera son nom sur un grand nombre de réalisations dans le pays. Des vases en albâtre sont gravés d'une inscription bilingue, en hiéroglyphes et en cunéiforme, transcrivant le vieux perse. Profitant des querelles de succession à l'intérieur de l'empire achéménide et de sa position excentrée, l'Égypte put recouvrer son indépendance à l'initiative des princes de Saïs, avec l'aide de mercenaires grecs.

30 Des derniers pharaons égyptiens à Cléopâtre (404-30 av. J.-C.)

Les pharaons Nectanébo Alexandre le Grand et la dynastie des Ptolémées

Les dernières dynasties indépendantes

[Vitrines 1, 2, 3, 4 et 5]

Face au gigantesque empire des Perses, l'Égypte reste le principal foyer de résistance, sa situation aux marges du royaume achéménide lui ayant permis de se soustraire peu à peu à l'autorité du Grand Roi. Le pays va regagner une grande partie de son indépendance entre les mains de pharaons originaires de Saïs, qui vont entreprendre des travaux dans les temples majeurs du pays. Parmi les rois de cette 29e dynastie figurent Hakoris et Néferitès Ier dont les *deux sphinx* ornaient autrefois les jardins de la villa Borghèse à Rome.

Le roi Nectanébo II recevant l'accolade de la déesse Isis

N 402
Calcaire
Memphis - *Sérapéum*
30e dynastie, règne de Nectanébo II
La. 77 cm ; H. 42 cm

Sous la dernière dynastie indépendante égyptienne qui lui succédera, l'Égypte connaît une nouvelle période de prospérité et d'éclat. De cette 30e dynastie, Nectanébo Ier et son petit-fils Nectanébo II sont les souverains dont le nom reste associé à de vastes travaux dans tous les temples du pays. Hors vitrine, la *tête de Nectanébo Ier* en granite (E 27124) montre un style déjà annoncé par celui des têtes du sphinx de Néferitès : visage allongé, joues pleines, lèvres charnues, yeux en amande avec un liséré ourlé, sourcils en très minces bandes. On remarquera le traitement en larges surfaces séparées par des dépressions bien marquées, que l'on retrouve dans le *torse en grauwacke de Nectanébo Ier* (E 25492) aux masses musculaires vigoureusement modelées. L'art de cette époque est également considéré comme précurseur du style de l'époque ptolémaïque. Le bas-relief de *Nectanébo II recevant l'accolade de la déesse Isis* (N 402), en vitrine 1, en est un bon exemple par l'allongement du visage, les oreilles haut placées et charnues tout comme les autres parties saillantes du corps.

On attribue à cette période les très nombreux éléments en plâtre que l'on désigne généralement sous le terme de *modèles de sculpteur*. Leur usage précis est mal connu, mais ils peuvent pour la plupart être rattachés à des éléments décoratifs de temple ou de monuments royaux : bas-reliefs ou statues de divinités ou de rois. Parmi les *visages* ou les *bustes en ronde bosse* (vitrine 3), un grand nombre d'entre eux représentent des rois portant la coiffe royale, le némès. Ces figurines sont du même style que les œuvres statuaires achevées et les bas-reliefs. D'autres *modèles* (vitrine 5) représentent des animaux en rapport avec la statuaire des temples (lions) ou consacrés aux dieux (bélier, taureau, faucon).

La *statuaire privée* (vitrine 4) privilégie l'emploi de pierres très dures comme les diorites, le granite ou le basalte. On y retrouve un soin du poli hérité de la statuaire saïte mais aussi une idéalisation dans le traitement du visage et du corps : un modelé affirmé dessine aux femmes une poitrine haute très ronde et des hanches étroites.

Une seconde invasion perse met fin à la 29e dynastie. L'Égypte redevient vassale des Perses durant une vingtaine d'années. Les armées d'Alexandre le Grand ne tardent pas à faire vaciller puis s'écrouler le vaste empire. En 332 av. J.-C., Alexandre entre en Égypte sans combattre.

L'Égypte ptolémaïque
(332-30 av. J.-C.)

Le séjour d'Alexandre le Grand en Égypte fut bref mais son influence immense. Il s'accompagna d'une vaste campagne de restauration des temples, mis à sac par l'invasion perse, et de la fondation d'une nouvelle ville, Alexandrie, où la tradition historique veut qu'il ait été enterré. Après sa mort et celles de son demi-frère et de son fils, le pouvoir échut à Ptolémée, fils de Lagos, l'un de ses généraux. En devenant roi , il inaugure la dynastie des Lagides, souverains d'origine macédonienne, appelée aussi dynastie des Ptolémées. Par la multiplication des alliances, tant politiques que familiales avec d'autres généraux ou souverains dépositaires des restes de l'empire d'Alexandre, les Ptolémées vont faire de l'Égypte une nation prospère à l'économie florissante. Dotée d'une monnaie stable et d'un empire maritime important face aux autres royaumes issus du partage de l'empire d'Alexandre à Carthage puis à Rome, les Ptolémées tenteront en vain de maintenir leur influence prépondérante en Méditerranée.

Ces souverains macédoniens vont pourtant adopter dans leur représentation une iconographie traditionnelle pharaonique à côté de monuments réalisés dans un style grec hellénistique. Cette iconographie se retrouve dans la statuaire, comme le *roi anonyme en basalte* (A 28) ou la *statue représentant la déesse Isis ou une reine* (A 11197), présentés hors vitrine.

[Vitrine 8]

Le traitement assez standardisé des effigies royales ne permet pas, en l'absence d'inscription, d'identifier précisément ces rois. L'art du relief présente également ces caractéristiques : ainsi la *stèle royale* en basalte (C 121), où un pharaon anonyme – les cartouches ont été laissés vides – fait offrande à la famille divine de Karnak, Amon, Mout et leur fils Khonsou.

Les souverains ptolémaïques reçoivent de leur vivant et à leur mort un culte. Le *fragment d'inscription* (C 123), qui appartenait probablement à une paroi de tabernacle, relate la sortie en procession à Saïs de la statue de la reine Arsinoé II, épouse divinisée du roi Ptolémée II Philadelphe, qui dota Alexandrie de ses monuments les plus prestigieux du monde antique : le Phare et la Bibliothèque. Une autre figure célèbre parmi ces souverains lagides est la reine Cléopâtre VII, dernière souveraine à porter ce nom. La *stèle dédiée par Onnophris* (E 27113), chef d'une confrérie d'adorateurs d'Isis dans l'Oasis du Fayoum, date de l'an 1 du règne de la souveraine, alors âgée de dix-huit ans. Elle est montrée coiffée de la double couronne et du pagne royal traditionnel, faisant offrande à la déesse Isis allaitant son fils Horus. C'est la fonction royale qui est évoquée ici et non un portait de la souveraine.

Les temples égyptiens n'ont pas été négligés par les souverains grecs. Les temples d'Edfou, de Dendéra et de Philae sont autant d'exemples parfaitement préservés de l'architecture et de la décoration de temples où domine l'iconographie purement égyptienne, comme le montre le *fragment représentant une reine ou une déesse* (E 16603), vitrine 10. Parallèlement, des cultes grecs ainsi que des structures administratives grecques coexistaient dans le pays. Une expression originale mêle tradition égyptienne et apport du monde grec dans les productions de cette époque. À côté d'œuvres où l'influence de modèles hellénistiques est sensible

Stèle dediée par Onnophris

E 27113
Calcaire
Époque ptolémaïque - règne de Cléopâtre VII -51 av. J.-C.
La. 28 cm ; H. 52 cm

– la *tête d'homme dite « tête Boisgelin »* (E 25963), vitrine 6 –, on retrouve, dans la statuaire privée, des attitudes propres à la statuaire égyptienne – en vitrine 6, la *statue d'homme* (N 2453) et la *statue d'homme* en bronze (E 11414), qui devait porter une petite chapelle. De même, l'iconographie égyptienne se retrouve dans des stèles de particuliers, comme la stèle de Pensiset (E 25983). Le cintre et les registres comprennent le personnage en adoration devant des divinités, ainsi que des personnages appartenant peut-être à sa famille. On doit ici remarquer l'usage qui est fait de l'écriture. Aux légendes des dieux et à la formule d'invocation correspond l'emploi des hiéroglyphes sacralisant l'ensemble. Les légendes des particuliers ainsi que la dernière ligne de l'inscription utilisent le démotique, écriture cursive employée alors dans tous les documents de la vie courante.

[Vitrine 9]

Parmi les expressions particulières de ces juxtapositions d'influences, le mobilier funéraire constitue une illustration précieuse. Le culte d'Osiris, largement répandu, permet d'accéder à une vie éternelle, selon les mêmes modalités qu'à l'époque pharaonique. Le corps momifié est souvent placé dans des sarcophages qui comprennent des cartonnages stuqués et peints confectionnés à partir de papyrus et de toile. Celui de la *dame Tachéretpaânḵh* (E 10479) en est un très bel exemple. Il est entièrement revêtu de feuilles d'or – métal inaltérable à l'image de la chair des dieux – et complété par des représentations de divinités égyptiennes en rapport avec le monde des morts, selon un agencement propre à l'époque.

Cartonnage au nom de la dame Tacheretpaanḵh

E 10479
Toile agglomérée, stuquée et dorée
Époque ptolémaïque
La. 60 cm ; H. 142 cm

En dépit de ses tentatives pour maintenir une Égypte indépendante, Cléopâtre VII ne pourra empêcher le rattachement de son royaume aux possessions romaines. Après la défaite d'Actium, l'Égypte appartient définitivement à Rome. Cependant, le pays ne sera pas soumis au même traitement qu'une province conquise : avec l'avènement de l'Empire romain, il devient désormais un bien personnel de l'empereur.

Glossaire

barque *nêchemet* d'Osiris

barque sacrée du dieu Osiris à Abydos. Lors des grandes fêtes annuelles du dieu à Abydos, au début de la saison de l'inondation, on sortait du temple la statue du dieu et la barque *nêchemet* en bois rare, incrusté et plaqué d'or.

bâtiment *khénou*

édifice construit par Ramsès II au nord du site de Deir el-Medineh, qui était peut-être un lieu de culte au roi Ramsès II divinisé, témoin de la piété populaire des artisans.

bilbil

vase en céramique importé de Chypre à la 18e dynastie et ayant une forme particulière : panse renflée ou globulaire, petit pied évasé, long col et anse. Par extension, nom donné aux vases de forme semblable, fabriqués en Égypte, en terre cuite ou en pierre.

cartouche

espace de forme rectangulaire aux extrémités arrondies, délimité par une corde fermée par un nœud. Y sont inscrits les deux derniers noms de la titulature royale : le nom de « roi de Haute et Basse Égypte » et celui de « Fils de Rê ». Peut-être de même origine que le *chen,* symbole de tout ce qu'entoure le disque solaire.

chaouabti

(*cf.* ouchebti), nom donné à de petites figurines, de différentes matières, momiformes à l'image du défunt. Elles l'accompagnent dans la tombe et lui servent de remplaçant en effectuant à sa place les travaux agricoles dans le monde des morts. Le texte du chapitre 6 du *Livre des morts,* presque toujours inscrit sur ces figurines, explique leur fonction. D'abord exemplaire unique à partir du Moyen Empire, leur nombre va en augmentant.

Livre des morts

nom donné par Champollion au livre funéraire dont le titre égyptien est *Livre pour sortir le jour*. Apparu à la 18e dynastie, il restera en usage jusqu'à la fin de l'époque ptolémaïque. Inscrit le plus souvent sur papyrus, c'est un recueil de formules magiques (chapitres) souvent illustrées, permettant au défunt d'obtenir tout ce qu'il peut désirer dans le monde des morts. Il est lu par le prêtre funéraire lors des funérailles, puis placé dans le caveau auprès du défunt. Parmi les chapitres les plus connus : « La Pesée du cœur ».

Livre des demeures secrètes

aussi appellé *Livre de l'Amdouat*, c'est l'un des plus anciens livres funéraires royaux décorant les murs des tombes royales de la Vallée des Rois à partir de la 18e dynastie. Divisé en douze sections correspondant aux douze heures de la nuit, il décrit le voyage nocturne du soleil, que le défunt accompagne dans sa barque, jusqu'à sa renaissance au matin.

mastaba

mot arabe qui signifie « banquette ». Il désigne les tombes des particuliers à l'Ancien Empire, réparties en véritables villes construites autour des pyramides dont la superstructure en brique ou pierre rappelle la forme d'une banquette. Cette superstructure contient la chapelle funéraire décorée qui surmonte le caveau.

naos

édicule ou chapelle en bois ou en pierre taillée dans un monolithe, fermé par une porte et contenant la statue de culte du dieu. Le naos est placé dans le saint des saints du temple qui, à l'époque ptolémaïque, porte également le nom de naos.

ménât

objet dont la forme évoque un collier. Instrument lié au culte de la déesse Hathor « Dame de la ménât », dont le contrepoids reproduit de façon schématique le corps de la déesse dans lequel le défunt est appelé à se renouveler. C'est un symbole de renaissance et de renouvellement. Il est également utilisé comme un instrument de musique, lors de certaines cérémonies religieuses. Son bourrelet est constitué de rangées de petites perles de faïence qui font effectivement du bruit quand la ménât est secouée.

némès

coiffure en étoffe rayée (de couleur bleu et or évoquant les rayons du soleil à son lever) dont deux pans latéraux tombent sur la poitrine et un troisième dans le dos en forme de catogan. Elle est portée par le roi et est ornée sur le devant de l'uræus (voir ce mot). C'est également une coiffure funéraire.

nénufar

de *nefer,* « Lotus » en égyptien. L'analogie avec le mot nymphéa a entériné la graphie en « ph » au XIXe siècle.

nœud *tit*

ou nœud d'Isis. Sa forme évoque un nœud de ceinture avec une large boucle et ses deux retombées. Emblème de la déesse Isis et de sa magie, il est symbole de protection. Sous forme d'amulette, de préférence en jaspe rouge, il était placé autour du cou du défunt. Il est souvent associé au pilier *djed* (voir ce mot), symbole d'Osiris.

œil *oudjat*

œil du dieu céleste (ou œil humain avec larmier du faucon). C'est l'œil d'Horus, perdu lors de son combat contre Seth, l'assassin de son père Osiris, récupéré et guéri par Thot et devenu le symbole de ce qui est sain et complet. Chacune des parties de cet œil correspond à une fraction ; leur total est égal à un, symbole de l'unité retrouvée. Même racine que le mot égyptien qui signifie être en bonne santé.

ostracon (plur. ostraca)

mot d'origine grec signifiant « coquille, tesson » ; éclat de calcaire ou tesson de céramique, support moins onéreux que le papyrus, il porte des inscriptions (comptes, commandes, lettres, extraits littéraires, exercices d'écolier...) ou des dessins (plans de tombes, caricatures, croquis, brouillons, scènes de vie quotidienne où les animaux tiennent une grande place...). Ils permettent de mieux cerner les différents aspects de la vie quotidienne. À Deir el-Medineh, on a retrouvé plusieurs centaines de ces ostraca dans un puits.

ouchebti

(*cf.* chaouabti) signifie « répondant », remplace à partir de la troisième période intermédiaire, le mot chaouabti. Ce terme rappelle la fonction de ces figurines funéraires chargées de répondre pour le défunt et d'exécuter à sa place les corvées agricoles auxquelles le mort doit participer.

pagne *chendjit*

pagne en étoffe court et plissé avec une retombée sur le devant en forme de languette, il est porté par le roi et les dieux.

pilier *djed*

à l'origine image d'un tronc d'arbre ébranché, associé aux dieux Ptah et Sokaris, il devient l'emblème du dieu Osiris dans la ville de Busiris. On y voit la représentation de la colonne vertébrale du dieu, les quatre plateaux représentant ses vertèbres cervicales. Chaque année, à Abydos, on mimait rituellement le retour à la vie du dieu par l'érection de ce pilier. C'est un symbole de stabilité et de pérennité. Sous forme d'amulette, il est placé autour du cou du défunt, son possesseur est alors admis dans la suite d'Osiris et participe de sa résurrection.

sérapéum

nom donné aux lieux de culte du dieu Serapis (associant Osiris à Apis) introduit en Égypte par Ptolémée Ier fondateur de la dynastie des Lagides, à Alexandrie et dans plusieurs villes d'Égypte. Celui de Memphis, découvert et fouillé par Mariette à partir de 1851, comprend les catacombes des taureaux Apis depuis la 18e dynastie jusqu'à la fin de l'époque ptolémaïque.

talatate

mot arabe qui veut dire « trois ». Petits blocs en grès et parfois en calcaire, de format standardisé (long d'une coudée), utilisés à l'époque amarnienne pour construire les temples. Ils sont décorés de scènes variées et vivantes, même quand il s'agit de scènes de culte. Ils remplacent les blocs de calcaire de grande taille jusqu'alors utilisés.

uræus

mot latin dérivé du mot égyptien *iarêt* qui désigne le serpent dressé. Qualifie le cobra femelle, divinité fille du soleil Rê, lovée au front du roi (et de certains dieux), prête à cracher son feu destructeur contre les ennemis du roi.

Table

CREDITS PHOTOGRAPHIQUES

Réunion des musées nationaux
(Blot, Chuzeville, Hatala, Larrieu,
Leroy, Lewandowski, Ojéda)
Paris, Atelier de l'Ile, p. 8
Paris, musée du Louvre (E. Revault) p. 12

PUBLICATION DU DEPARTEMENT
DE L'EDITION DIRIGE PAR

Anne de Margerie

COORDINATION EDITORIALE

Josette Grandazzi
assistée de Laetitia Allemand

CONCEPTION GRAPHIQUE
ET MAQUETTE PAO

Jean-Yves Cousseau
assisté de Marion Clément

RELECTURE DES TEXTES

Françoise Dachy

DOCUMENTATION
PHOTOGRAPHIQUE

Philippe Couton
Catherine Bridonneau

FABRICATION

Jacques Venelli

Les illustrations ont été gravées
par I. G. S.
à L'isle d'Espagnac-Angoulême

Cet ouvrage a été achevé d'imprimer
en décembre 1997
sur les presses de l'imprimerie Alençonnaise
à Alençon

Le façonnage a été réalisé par l'Alençonnaise

Dépôt légal : décembre 1997
ISBN : 2-7118-3607-X
GG 10 3607